浙江省地方标准

准四级公路工程质量检验评定规范

Quality inspection and evaluation standard for quasi-fourth class highway engineer

DB 33/T 620—2017

主编单位:浙江省交通建设工程监督管理局
杭州市余杭区交通工程质量安全监督站
金华市交通工程质量监督站
杭州余杭瑞达交通工程有限公司
批准部门:浙江省质量技术监督局
实施日期:2017 年 06 月 10 日

人民交通出版社股份有限公司

图书在版编目(CIP)数据

准四级公路工程质量检验评定规范 / 浙江省交通建设工程监督管理局等主编. — 北京 : 人民交通出版社股份有限公司, 2017.7

ISBN 978-7-114-13920-8

Ⅰ. ①准… Ⅱ. ①浙… Ⅲ. ①道路工程—工程质量—质量检验—规范—浙江 Ⅳ. ①U415.12-65

中国版本图书馆 CIP 数据核字(2017)第 133968 号

书　　名: 准四级公路工程质量检验评定规范
著 作 者: 浙江省交通建设工程监督管理局
杭州市余杭区交通工程质量安全监督站
金华市交通工程质量监督站
杭州余杭瑞达交通工程有限公司
责任编辑: 黎小东
出版发行: 人民交通出版社股份有限公司
地　　址: (100011)北京市朝阳区安定门外外馆斜街 3 号
网　　址: http://www.ccpress.com.cn
销售电话: (010)59757973
总 经 销: 人民交通出版社股份有限公司发行部
经　　销: 各地新华书店
印　　刷: 北京鑫正大印刷有限公司
开　　本: 880×1230　1/16
印　　张: 4.5
字　　数: 123 千
版　　次: 2017 年 7 月　第 1 版
印　　次: 2017 年 7 月　第 1 次印刷
书　　号: ISBN 978-7-114-13920-8
定　　价: 50.00 元
(有印刷、装订质量问题的图书,由本公司负责调换)

目　次

前　言

本标准按照 GB/T 1.1—2009 给出的规则起草。

本标准代替 DB 33/T 620—2006，与 DB 33/T 620—2006 相比，除编辑性修改外，主要技术变化如下：

——修改了范围（见 1，2006 版的 1.0.2）；

——修改了规范性引用文件（见 2，2006 版的 2）；

——修改了术语和定义（见 3，2006 版的 3）；

——修改了工程质量评定（见 4，2006 版的 4）；

——将 5.4 砌筑工程修改为“砌筑工程”（见 5.3，2006 版的 5.3），删除了石方路基（见 2006 版的 5.1.3）、拱涵（见 2006 版的 5.4.3）、箱涵（见 2006 版的 5.4.4）的相关内容；

——删除了原沥青贯入式面层、沥青碎石面层、级配碎石面层、填隙碎石（矿渣）面层和基层、泥结碎（砾）石面层的内容（见 2006 版的 6.3、6.4、6.9、6.11）；删除了水泥稳定粒料（碎石、砂砾或矿渣等）基层和底基层与石灰、粉煤灰稳定粒料（碎石、砂砾或矿渣等）基层和底基层（见 2006 版的 6.7、6.8），增加了“水泥（或二灰）稳定碎石基层和底基层”（见 6.5）。

——“桥梁总体及桥面”修改为“桥梁总体”（见 7.2，2006 版 7.2），在桥面系和附属工程中增加了伸缩缝安装内容（见 7.9.2）；

——删除了“喷射混凝土支护”（见 2006 版的 8.4）；

——增加了路面标线（见 9.3）、蓄能自发光标识（见 9.4）。

本标准由浙江省交通运输厅提出并归口。

本标准起草单位：浙江省交通建设工程监督管理局、杭州市余杭区交通工程质量安全监督站、金华市交通工程质量监督站、杭州余杭瑞达交通工程有限公司。

本标准主要起草人：宣剑裕、戴晓栋、李乐阳、顾森华、唐建强、方剑、胡来平、肖葳、彭延杰、盛吉崇、韦征、张君平、叶春柱、王明、王泽林、赵殿鹏、李舒扬、许世鸣、全梦芸、尹玮。

本标准所代替标准的历次版本发布情况为：

——DB 33/T 620—2006。

准四级公路工程质量检验评定规范

1 范围

本标准规定了准四级公路工程的质量评定，路基、路面、桥梁、隧道工程和交通安全设施等的质量检验评定要求。

本标准适用于准四级公路新建工程、改建工程和养护工程的质量评定。

2 规范性引用文件

下列文件对于本文件的应用是必不可少的，凡是注明日期的引用文件，仅注日期的版本适用于本文件。凡是不注明日期的引用文件，其最新版本（包括所有修改单）适用于本文件。

GB 5768.1～3 道路交通标志和标线
GB/T 24970 轮廓标
JTG F40 公路沥青路面施工技术规范
JTG F71 公路交通安全设施施工技术规范
JTG F80/1 公路工程质量检验评定标准 第一册 土建工程
JT/T 280 路面标线涂料
JT/T 457 公路三波形梁钢护栏
DB 33/T 975 蓄能自发光交通标识设置技术规程

3 术语和定义

JTG F80/1 界定的以及下列术语和定义适用于本文件。

3.1

宕渣

具有一定级配，用于路基填筑的土石混合料。

3.2

准四级公路

大部分技术指标能达到四级公路的标准，个别技术指标低于四级公路标准的村道公路。

4 工程质量评定

4.1 一般规定

4.1.1 根据建设任务、施工管理和质量检验评定的需要，应在施工准备阶段按本标准附录 A 将建设项目划分为单位工程、分部工程和分项工程。施工、监理和建设管理单位应按相同的工程项目划分进行工程质量的监控和管理。

4.1.2 工程质量检验评分以分项工程为单元，采用 100 分制进行。在分项工程评分的基础上，逐级计算各相应分部工程、单位工程、标段和建设项目评分值。

4.1.3 工程质量评定等级分为合格与不合格，应按分项、分部、单位工程、标段和建设项目逐级评定。

4.1.4 施工单位应对各分项工程按本标准所列基本要求、实测项目和外观鉴定进行自检，按附录 J 中“分项工程质量检验评定表”及相关施工技术规范提交真实、完整的自检资料，对工程质量进行自我评定。

工程监理单位应按规定要求对工程质量进行独立抽检，对施工单位检评资料进行签认，对工程质量进行评定。

建设单位根据对工程质量的检查及平时掌握的情况，对工程监理单位所做的工程质量评分及等级进行审定。

质量监督部门、质量检测机构可依据本标准对公路工程质量进行检测。

4.2 工程质量评分

4.2.1 分项工程质量评分

分项工程质量检验内容包括基本要求、实测项目、外观鉴定和质量保证资料四个部分。只有在其使用的原材料、半成品、成品及施工工艺符合基本要求的规定，且无严重外观缺陷和质量保证资料真实并基本齐全时，才能对分项工程质量进行检验评定。

涉及结构安全和使用功能的重要实测项目为关键项目（在文中以“△”标识），其合格率不得低于 90%（属于工厂加工制造的桥梁金属构件不低于 95%），且检测值不得超过规定极值，否则应进行返工处理。

实测项目的规定极值是指任一单个检测值都不能突破的极限值，不符合要求时该实测项目为不合格。

按附录 B 至附录 I 所列方法进行评定的关键项目，不符合要求时则该分项工程评为不合格。

分项工程的评分值满分为 100 分，按实测项目采用加权平均法计算。存在外观缺陷或资料不全时，应予减分。

$$分项工程得分=\frac{\sum[检查项目得分\times权值]}{\sum检查项目权值}$$

$$分项工程评分值=分项工程得分-外观缺陷减分-资料不全减分$$

4.2.2 基本要求检查

4.2.2.1 分项工程所列基本要求，对施工质量优劣具有关键作用，应按基本要求对工程进行认真检查。经检查不符合基本要求规定时，不得进行工程质量的检验和评定。

4.2.2.2 实测项目计分。

对规定检查项目采用现场抽样方法，按照规定频率和下列计分方法对分项工程的施工质量直接进行检测计分。

检查项目除按数理统计方法评定的项目以外，均应按单点（组）测定值是否符合标准要求进行评定，并按合格率计分。

$$检查项目合格率=\frac{检查合格的点(组)数}{该检查项目的全部检查点(组)数}\times100\%$$

$$检查项目得分=检查项目合格率\times100$$

4.2.2.3 外观缺陷减分。

对工程外表状况应逐项进行全面检查，如发现外观缺陷，应进行减分。对于较严重的外观缺陷，施工单位须采取措施进行整修处理。

4.2.2.4 资料不全减分。

分项工程的施工资料和图表残缺，缺乏最基本的数据或有伪造者，不予检验和评定。资料不全者视不全情况，减 1 分~3 分。

4.2.3 分部工程和单位工程质量评分

附录 A 所列分项工程和分部工程区分为一般工程和主要(主体)工程,分别给以 1 和 2 的权值。在进行分部工程和单位工程评分时,采用加权平均值计算法确定相应的评分值。

$$分部(单位)工程评分值=\frac{\sum[分项(分部)工程评分值\times相应权值]}{\sum分项(分部)工程权值}$$

4.2.4 标段和建设项目工程质量评分

$$标段工程质量得分=\frac{\sum[单位工程得分\times单位工程投资额]}{\sum单位工程投资额}$$

$$标段工程质量评定得分=标段工程质量得分-质量保证资料扣分$$

$$建设项目工程质量评定得分=\frac{\sum[标段工程得分\times标段工程投资额]}{\sum标段工程投资额}$$

4.2.5 质量保证资料

施工单位应有完整的施工原始记录、试验数据、分项工程自查数据等质量保证资料,并进行整理分析,负责提交齐全、真实和系统的施工资料和图表。工程监理单位负责提交齐全、真实和系统的监理资料。工程必需的质量保证资料详见附录 K。

4.3 工程质量等级评定

4.3.1 分项工程质量等级评定

分项工程评分值不小于 75 分者合格,小于 75 分者为不合格。

评定为不合格的分项工程,经加固、补强或返工,满足设计要求后,可以重新评定其质量等级,但计算分部工程评分值时按其复评分值的 90% 计算。

4.3.2 分部工程质量等级评定

所属各分项工程全部合格,则该分部工程评为合格;所属任一分项工程不合格,则该分部工程为不合格。

4.3.3 单位工程质量等级评定

所属各分部工程全部合格,则该单位工程评为合格;所属任一分部工程不合格,则该单位工程为不合格。

4.3.4 标段和建设项目质量等级评定

标段和建设项目所含单位工程全部合格;所属任一单位工程不合格,则合同段和建设项目为不合格。

5 路基工程

5.1 一般规定

5.1.1 本章规定的实测项目的检查频率,为每一检查段内的最低检查频率。

5.1.2 路基压实度应分层检测,并符合附录 B 的规定。路基其他检查项目及评定均在路基顶面进行检查、检测。

5.1.3　路基排水工程应按设计要求及施工规范的要求施工,依照实际地形,选择合适的位置,将地面水和地下水排出路基以外。沟底应平顺整齐,不应有松散土和其他杂物,排水畅通。

5.1.4　路基地表排水可采用边沟、排水沟等设施。

5.1.5　当路基范围内出露地下水或地下水位较高时,应采取相应的排水或隔水措施。

5.1.6　在水量集中、容易冲毁的地段,其边沟、涵洞等排水设施应加大断面尺寸,并做好防护措施。

5.1.7　本章主要用于挡土墙、防护等砌筑工程的质量评定,桥梁、隧道等其他章节的砌筑工程可参照本章评定。

5.1.8　每道涵洞包含洞身各部分构件、洞口和填土等分项工程。

5.1.9　跨径或全长小于5m的通道,按本章的规定进行评定。

5.1.10　钢筋混凝土涵洞除按本章规定评定外,还应包括钢筋加工及安装分项工程。

5.2　路基土石方工程

5.2.1　土质路基

5.2.1.1　基本要求

5.2.1.1.1　在路基用地和取土坑范围内,应清除地表植被、杂物、积水、淤泥和表土,处理坑塘,并按设计要求对基底进行压实。

5.2.1.1.2　路基填料应因地制宜、就地取材,并符合设计的规定。

5.2.1.1.3　填方路基应分层填筑压实。每层表面平整,路拱合适,排水良好。

5.2.1.1.4　施工临时排水系统应与设计排水系统结合,避免冲刷边坡,勿使路基附近积水。

5.2.1.1.5　在设定取土区内合理取土,不应滥开滥挖。完工后应按要求对取土坑和弃土场进行修整,保持合理的几何外形。

5.2.1.2　实测项目

土质路基实测项目见表1。

表1　土质路基实测项目

<table>
<tr><th>项次</th><th colspan="3">检 查 项 目</th><th>规定值或允许偏差</th><th>检查方法和频率</th><th>权值</th></tr>
<tr><td rowspan="4">1△</td><td rowspan="4">压实度(%)</td><td>零填及挖方(m)</td><td>0~0.30</td><td>≥93</td><td rowspan="4">按附录B检查;
密度法:每200m每压实层测2处</td><td rowspan="4">3</td></tr>
<tr><td rowspan="3">填方(m)</td><td>0~0.80</td><td>≥93</td></tr>
<tr><td>0.81~1.50</td><td>≥90</td></tr>
<tr><td>>1.50</td><td>≥90</td></tr>
<tr><td>2△</td><td colspan="3">弯沉(0.01mm)</td><td>不大于设计要求</td><td>按附录I检查</td><td>3</td></tr>
<tr><td>3</td><td colspan="3">纵断高程(mm)</td><td>+15,-25</td><td>水准仪:每200m测1个断面</td><td>2</td></tr>
<tr><td>4</td><td colspan="3">中线偏位(mm)</td><td>100</td><td>经纬仪:每200m测1点,弯道加HY、YH两点</td><td>2</td></tr>
<tr><td>5</td><td colspan="3">宽度(mm)</td><td>不小于设计要求</td><td>米尺:每200m测2处</td><td>2</td></tr>
<tr><td>6</td><td colspan="3">边坡</td><td>符合设计要求</td><td>尺量:每200m测2处</td><td>1</td></tr>
<tr><td colspan="7">注:压实度以重型击实试验法为准,评定路段内的压实度平均值下置信界限不得小于规定标准,单个测定值不得小于极值(表列规定值减5个百分点)。按不小于表列规定值减2个百分点的测点数量占总检查点的百分率计算合格率。</td></tr>
</table>

5.2.1.3 外观鉴定

5.2.1.3.1 路基表面平整,边线直顺,曲线圆滑。不符合要求时,单向累计长度每50m 减1 分~2 分。
5.2.1.3.2 路基边坡坡面平顺、稳定,不应亏坡,曲线圆滑。不符合要求时,单向累计长度每50m 减1 分~2 分。
5.2.1.3.3 取土坑、弃土堆、护坡道、碎落台的位置适当,外形整齐、美观,防止水土流失。不符合要求时减1 分~2 分。

5.2.2 宕渣路基

5.2.2.1 基本要求

5.2.2.1.1 宕渣应具有一定的级配,含泥量应符合设计和规范要求。
5.2.2.1.2 修筑宕渣路堤时,应进行地表清理,填筑层厚度和宕渣粒径应符合设计要求。

5.2.2.2 实测项目

宕渣路基实测项目见表2。

表2 宕渣路基实测项目

<table>
<tr><th>项次</th><th colspan="3">检 查 项 目</th><th>规定值或允许偏差</th><th>检查方法和频率</th><th>权值</th></tr>
<tr><td rowspan="4">1△</td><td rowspan="4">固体体积率(%)</td><td>零填及挖方(m)</td><td>0~0.30</td><td>83</td><td rowspan="4">密度法:每200m 每压实层测2 处</td><td rowspan="4">3</td></tr>
<tr><td rowspan="3">填方(m)</td><td>0~0.80</td><td>83</td></tr>
<tr><td>0.81~1.50</td><td>81</td></tr>
<tr><td>>1.50</td><td>78</td></tr>
<tr><td>2△</td><td colspan="3">弯沉(0.01mm)</td><td>不大于设计要求</td><td>按附录I 检查</td><td>3</td></tr>
<tr><td>3</td><td colspan="3">中线偏位(mm)</td><td>100</td><td>经纬仪:每200m 测1 点,弯道加HY、YH 两点</td><td>2</td></tr>
<tr><td>4</td><td colspan="3">纵断高程(mm)</td><td>+15,-25</td><td>水准仪:每200m 测1 个断面</td><td>2</td></tr>
<tr><td>5</td><td colspan="3">宽度(mm)</td><td>不小于设计要求</td><td>米尺:每200m 测2 处</td><td>2</td></tr>
<tr><td>6</td><td colspan="3">边坡</td><td>符合设计要求</td><td>尺量:每200m 测2 处</td><td>1</td></tr>
<tr><td colspan="7">注:固体体积率的标准密度以综合毛体积密度控制,评定路段内的固体体积率下置信界限不得小于规定标准,单个测定值不得小于极值(表列规定值减5 个百分点)。按不小于表列规定值减2 个百分点的测点数量占总检查点的百分率计算合格率。</td></tr>
</table>

5.2.2.3 外观鉴定

5.2.2.3.1 路基边坡坡面平顺、稳定,不应亏坡。不符合要求时,单向累计长度每50m 减1 分~2 分。
5.2.2.3.2 路基边线直顺,曲线圆滑。不符合要求时,单向累计长度每50m 减1 分~2 分。

5.3 路基排水

5.3.1 土沟

5.3.1.1 基本要求

5.3.1.1.1 土沟边坡应平整、稳定,不应贴坡。

5.3.1.1.2 边沟应平顺整齐,不应有松散土和其他杂物,排水畅通。

5.3.1.2 实测项目

土沟实测项目见表3。

表3 土沟实测项目

项次	检 查 项 目	规定值或允许偏差	检查方法和频率	权值
1	沟底高程(mm)	±50	水准仪:每200m测4点	2
2	断面尺寸(mm)	不小于设计要求	尺量:每200m测2点	2
3	边坡坡度	不陡于设计要求	每200m检查2处	1
4	边棱直顺度(mm)	50	尺量:20m拉线,每200m检查2点	1

5.3.1.3 外观鉴定

沟底无阻水现象。不符合要求时,每处减1分~2分。

5.3.2 浆砌排水沟

5.3.2.1 基本要求

5.3.2.1.1 浆砌所用水泥、砂、水的质量应符合有关规范的要求,按规定的配合比施工。砌缝内砂浆均匀饱满,勾缝密实。

5.3.2.1.2 浆砌片(块)石、混凝土预制块的质量和规格应符合设计要求。

5.3.2.1.3 基础中缩缝应与墙身缩缝对齐。

5.3.2.1.4 砌体抹面应平整、压光、直顺、不应有裂缝、空鼓现象。

5.3.2.2 实测项目

浆砌排水沟实测项目见表4。

表4 浆砌排水沟实测项目

项次	检 查 项 目	规定值或允许偏差	检查方法和频率	权值
1△	砂浆强度(MPa)	在合格标准内	按附录F检查	3
2	轴线偏位(mm)	50	经纬仪或尺量:每500m测5处	1
3	沟底高程(mm)	±30	水准仪:每200m测5点	1
4	墙面直顺度(mm)或坡度	±30或不陡于设计要求	尺量:20m拉线,每200m检查2点	1
5	断面尺寸(mm)	±30	尺量:每200m查2处	1
6	铺砌厚度(mm)	不小于设计要求	尺量:每200m查2处	1

5.3.2.3 外观鉴定

5.3.2.3.1 砌体内侧及沟底应平顺。不符合要求时,减1分~2分。

5.3.2.3.2 沟底不应有杂物。不符合要求时，减1分~2分。

5.3.3 混凝土排水沟

5.3.3.1 基本要求

5.3.3.1.1 混凝土所用水泥、砂、石、水、外加剂及拌和材料的质量和规格，必须符合有关技术规范要求，按规定的配合比施工。

5.3.3.1.2 混凝土排水沟应按设计规定设置伸缩缝。

5.3.3.2 实测项目

混凝土排水沟实测项目见表5。

表5 混凝土排水沟实测项目

项次	检 查 项 目	规定值或允许偏差	检查方法和频率	权值
1△	混凝土强度(MPa)	在合格标准内	按附录D检查	3
2	沟底高程(mm)	±30	水准仪：每200m测5点	2
3	断面尺寸(mm)	±30	尺量：每200m查2点	2
4	铺砌厚度(mm)	不小于设计要求	尺量：每200m查2处	1

5.3.3.3 外观鉴定

5.3.3.3.1 砌体内侧及沟底应平顺。不符合要求时，减1分~2分。

5.3.3.3.2 蜂窝、麻面面积不得超过面积的5%。不符合要求时，每超过0.5%减3分；深度超过10mm的必须处理。

5.3.3.3.3 沟底不应有杂物。不符合要求时，减1分~2分。

5.4 砌筑工程

5.4.1 基本要求

5.4.1.1 石料或混凝土预制块的质量和规格应符合设计要求。

5.4.1.2 浆砌所用水泥、砂、水的质量应符合有关规范的要求，按规定的配合比施工。

5.4.1.3 地基承载能力、基础埋深应满足设计要求。

5.4.1.4 砌筑应分层错缝。浆砌时坐浆挤紧，嵌填饱满密实，不应有空洞；干砌时不应松动、叠砌和浮塞。

5.4.1.5 砌体位置设置准确；沉降缝、泄水孔、反滤层的设置位置、质量和数量应符合设计要求。

5.4.1.6 墙(台)背填土应采用透水性填料或设计规定的填料，且墙(台)身强度达到设计强度75%以上时方可开始填土。压实度应符合路基填筑要求。

5.4.2 实测项目

浆砌砌体实测项目见表6；干砌砌体实测项目见表7。

表6　浆砌砌体实测项目

<table>
<tr><th rowspan="2">项次</th><th rowspan="2" colspan="2">检 查 项 目</th><th colspan="2">规定值或允许偏差</th><th rowspan="2">检查方法和频率</th><th rowspan="2">权值</th></tr>
<tr><th>挡土墙</th><th>墩、台身</th></tr>
<tr><td>1△</td><td colspan="2">砂浆强度(MPa)</td><td colspan="2">在合格标准内</td><td>按附录F检查</td><td>3</td></tr>
<tr><td>2</td><td colspan="2">平面位置(mm)</td><td colspan="2">50</td><td>经纬仪:每20m测墙顶外边线3点</td><td>1</td></tr>
<tr><td rowspan="2">3</td><td rowspan="2">顶面高程(mm)</td><td>料、块石、混凝土预制块</td><td rowspan="2">±20</td><td>±15</td><td rowspan="3">水准仪:每20m检查1点或每墩、台测3点</td><td rowspan="2">1</td></tr>
<tr><td>片石</td><td>±20</td></tr>
<tr><td>4</td><td colspan="2">底面高程(mm)</td><td>±50</td><td>±50</td><td>1</td></tr>
<tr><td rowspan="2">5</td><td rowspan="2">竖直度或坡度(%)</td><td>料、块石、混凝土预制块</td><td rowspan="2">0.5</td><td>0.3</td><td rowspan="2">吊垂线:每20m检查2点</td><td rowspan="2">1</td></tr>
<tr><td>片石</td><td>0.5</td></tr>
<tr><td rowspan="3">6△</td><td rowspan="3">断面尺寸(mm)</td><td>料、块石、混凝土预制块</td><td rowspan="3">不小于设计要求</td><td>±20</td><td rowspan="3">尺量:每20m检查2处</td><td rowspan="3">3</td></tr>
<tr><td>块石</td><td>±30</td></tr>
<tr><td>片石</td><td>±50</td></tr>
<tr><td rowspan="3">7</td><td rowspan="3">表面平整度(mm)</td><td>料、块石、混凝土预制块</td><td colspan="2">10</td><td rowspan="3">2m直尺:每20m检查1处</td><td rowspan="3">1</td></tr>
<tr><td>块石</td><td colspan="2">20</td></tr>
<tr><td>片石</td><td colspan="2">30</td></tr>
</table>

表7　干砌砌体实测项目

项次	检 查 项 目	规定值或允许偏差	检查方法和频率	权值
1	顶面高程(mm)	±30	水准仪:每20m检查3点	2
2	平面位置(mm)	50	经纬仪:每20m检查墙顶外边线3点	2
3	底面高程(mm)	±50	水准仪:每20m检查1点	2
4	表面平整度(mm)	50	2m直尺:每20m检3处,每处检查竖直、墙长两个方向	1
5	竖直度或坡度(%)	0.5	尺量:每20m吊垂线检查1点	1
6△	断面尺寸(mm)	不小于设计要求	尺量:每20m检查2处	2

5.4.3　外观鉴定

5.4.3.1　砌体表面平整,砌缝完好,无开裂现象,勾缝平顺、无脱落现象。不符合要求时减1分~3分。

5.4.3.2　泄水孔坡度向外,无堵塞现象。不符合要求时应处理,并减1分~3分。

5.4.3.3　沉降缝整齐垂直,上下贯通。不符合要求时应处理,并减1分~3分。

5.5　涵洞工程

5.5.1　管涵

5.5.1.1　基本要求

5.5.1.1.1　钢筋混凝土涵管外购成品的质量,应符合设计要求,安装前应逐节检查,不应有裂缝、破损。钢筋混凝土涵管施工应严格按照设计图纸和有关技术规程要求进行。

5.5.1.1.2 管座混凝土材料应符合设计要求,设计无规定时按规范要求。
5.5.1.1.3 管节接缝宽度及填塞材料应符合设计要求,设计无规定时按规范要求。
5.5.1.1.4 地基承载力应满足设计要求。

5.5.1.2 实测项目

管涵实测项目见表8。

表8 管涵实测项目

<table>
<tr><th>项次</th><th colspan="2">检 查 项 目</th><th>规定值或允许偏差</th><th>检查方法和频率</th><th>权值</th></tr>
<tr><td>1△</td><td colspan="2">管座混凝土强度(MPa)</td><td>在合格标准内</td><td>按附录D检查</td><td>3</td></tr>
<tr><td>2</td><td colspan="2">轴线偏位(mm)</td><td>50</td><td>经纬仪:纵、横向各检查2处</td><td>2</td></tr>
<tr><td>3</td><td colspan="2">管涵底流水面高程(mm)</td><td>±20</td><td>水准仪:检查洞口2处,拉线检查中间2处</td><td>3</td></tr>
<tr><td rowspan="2">4</td><td rowspan="2">相邻管节底面错开(mm)</td><td>管径≤1m</td><td>3</td><td rowspan="2">水平尺:检查接头处</td><td rowspan="2">1</td></tr>
<tr><td>管径>1m</td><td>5</td></tr>
</table>

5.5.1.3 外观鉴定

5.5.1.3.1 钢筋混凝土涵管的管壁要求色泽均一、美观。不符合要求时减1分~3分。
5.5.1.3.2 管涵直顺,进出口平顺,无阻水现象。不符合要求时减1分~3分。
5.5.1.3.3 帽石、一字墙或八字墙平直,无翘曲现象。不符合要求时减1分~3分。

5.5.2 盖板涵

5.5.2.1 基本要求

5.5.2.1.1 混凝土所用水泥、砂、石、水、外加剂及拌和材料的质量和规格,必须符合有关技术规范要求,按规定的配合比施工。
5.5.2.1.2 分块施工时接缝应与沉降缝吻合。

5.5.2.2 实测项目

盖板涵实测项目见表9。

表9 盖板涵实测项目

<table>
<tr><th>项次</th><th colspan="2">检 查 项 目</th><th>规定值或允许偏差</th><th>检查方法和频率</th><th>权值</th></tr>
<tr><td>1△</td><td colspan="2">混凝土强度(MPa)</td><td>在合格标准内</td><td>按附录D检查</td><td>3</td></tr>
<tr><td rowspan="2">2</td><td rowspan="2">高度(mm)</td><td>明涵</td><td>+10,-0</td><td rowspan="4">尺量:抽量30%的板,每板检查1个断面</td><td rowspan="2">2</td></tr>
<tr><td>暗涵</td><td>不小于设计要求</td></tr>
<tr><td rowspan="2">3</td><td rowspan="2">宽度(mm)</td><td>现浇</td><td>±20</td><td rowspan="2">1</td></tr>
<tr><td>预制</td><td>±10</td></tr>
<tr><td>4</td><td colspan="2">板长(mm)</td><td>+20,-10</td><td>尺量:抽量30%的板,每板检查两侧</td><td>1</td></tr>
<tr><td>5△</td><td colspan="2">涵底流水面高程(mm)</td><td>±20</td><td>水准仪、尺量:检查洞口2处,拉线检查中间1处</td><td>3</td></tr>
</table>

5.5.2.3 外观鉴定

5.5.2.3.1 混凝土表面平整，棱线顺直，无严重啃边、掉角。不符合要求时减1分~2分。

5.5.2.3.2 蜂窝、麻面面积不应超过该面面积的5%。不符合要求时，每超过0.5%减3分；深度超过10mm的应处理。

5.5.2.3.3 混凝土表面出现非受力裂缝，减1分~3分；裂缝宽度超过设计规定或设计未规定时超过0.15mm的应处理。

5.5.3 倒虹吸竖井、集水井砌筑

5.5.3.1 基本要求

5.5.3.1.1 砌块的质量和规格应符合设计要求，砌筑砂浆所用材料应符合规范要求。

5.5.3.1.2 井基应符合设计要求。

5.5.3.1.3 应分层错缝砌筑，砌缝砂浆应饱满。抹面时应压光，不应有空鼓现象。

5.5.3.1.4 接头填缝应平整密实、不漏水。

5.5.3.1.5 井内不应遗留建筑垃圾、杂物等。

5.5.3.1.6 按设计规定做灌水试验，试验结果应满足要求。

5.5.3.2 实测项目

倒虹吸竖井、集水井砌筑实测项目见表10。

表10 倒虹吸竖井、集水井砌筑实测项目

项次	检 查 项 目	规定值或允许偏差	检查方法和频率	权值
1△	砂浆强度(MPa)	在合格标准内	按附录F检查	3
2△	井底高程(mm)	±15	水准仪：测2点	2
3	井口高程(mm)	±20		1
4	圆井直径或方井边长(mm)	±20	尺量：1个断面	1
5△	井壁、井底厚(mm)	±20，-5	尺量：井壁2点，井底1点	1

5.5.3.3 外观鉴定

井壁平整、圆滑，抹面无麻面、裂缝。不符合要求时，减1分~3分。

5.5.4 一字墙和八字墙

参照本标准第5.4节执行。

6 路面工程

6.1 一般规定

6.1.1 各类基层压实度代表值不应小于规定代表值，单点不应小于规定极值。小于规定代表值2个百分点的测点，应按其占总检查点数的百分率计算合格率。

6.1.2　路面各结构层厚度按平均值和单点合格值设定允许偏差。当平均值偏差超过规定值时，该分项工程评为不合格；当平均值偏差满足要求时，按单个检查值的偏差不超过单点合格值的测点数计算合格率。

6.1.3　采用3m直尺测定路面各结构层平整度，以最大间隙作为指标，按尺数计算合格率。

6.1.4　材料要求和配比控制列入各节基本要求，可通过检查施工单位、工程监理单位的资料进行评定。

6.1.5　路面基层完工后，应及时按设计要求浇洒透层或铺筑下封层，应使用透入能力强的材料做透层油。对封层、黏层和透层油的浇洒要求同本标准第6.4.1条的规定。

6.1.6　在老水泥混凝土路面上加铺沥青罩面层的路面，老路面应按设计要求进行检查、处理，符合要求后方可进行面层施工，加铺的沥青面层可不检查弯沉。

6.1.7　路肩表面应平整密实，无阻水现象。

6.1.8　对存在底基层的路面，底基层参照基层执行。

6.2　水泥混凝土面层

6.2.1　基本要求

6.2.1.1　基层质量应符合要求，对于柔性基层应进行弯沉测定，验算的基层整体模量应满足设计要求。

6.2.1.2　混凝土所用水泥、砂、石、水、外加剂及拌和材料的质量和规格，必须符合有关技术规范要求，按规定的配合比施工。

6.2.1.3　接缝的位置、规格、尺寸及传力杆、拉力杆的设置应符合设计要求。

6.2.1.4　路面应采取拉毛或机具压槽等抗滑措施，其构造深度应符合设计要求。

6.2.1.5　面层与其他构造物相接应平顺，路面边缘无积水现象。

6.2.1.6　混凝土路面铺筑后按施工规范要求养生。

6.2.2　实测项目

水泥混凝土面层实测项目见表11。

表11　水泥混凝土面层实测项目

项次	检查项目		规定值或允许偏差	检查方法和频率	权值
1△	弯拉强度(MPa)		在合格标准之内	按附录C检查	3
2△	板厚度(mm)	平均值	-5	按附录H检查，每200m测2处	3
		合格值	-15		
3	平整度(最大间隙h)(mm)		5	3m直尺：每200m测2处×10尺	2
4	抗滑构造深度(mm)		一般路段不小于0.5且不大于1.0；特殊路段不小于0.6且不大于1.1	铺砂法：每200m测1处	2
5	中线平面偏位(mm)		20	经纬仪：每200m测2点	1
6	路面宽度(mm)		±20	抽量：每200m测1处	1
7	纵断高程(mm)		±15	水准仪：每200m测2个断面	1

注1：板厚度的平均值为各厚度单点测定值的算术平均值。
注2：h为3m直尺与面层的最大间隙。

6.2.3 外观鉴定

6.2.3.1 混凝土板的断裂块数，不得超过评定路段混凝土板总块数的0.4%。不符合要求时，每超过0.1%减2分。对于断裂板应采取适当措施予以处理。

6.2.3.2 混凝土板表面不得存在脱皮、印痕、裂纹和缺边掉角等病害现象，有上述缺陷的面积不得超过受检面积的0.3%。不符合要求时，每超过0.1%减2分。

6.2.3.3 接缝填筑饱满密实，不污染路面。不符合要求时，累计长度每100m减2分。

6.2.3.4 胀缝有明显缺陷时，每条减1分~2分。

6.3 沥青混凝土面层

6.3.1 基本要求

6.3.1.1 沥青混合料的矿料质量及矿料级配应符合设计和规范要求。

6.3.1.2 严格控制各种矿料的沥青用量及各种材料和沥青混合料的加热温度，沥青材料及混合料的各项指标应符合设计和规范要求。沥青混合料的生产，每日应做抽提试验、马歇尔稳定度试验。矿料级配、沥青含量、马歇尔稳定度等结果的合格率应不小于90%。

6.3.1.3 拌和后的沥青混合料应均匀一致，无花白，无粗细料分离和结团成块现象。

6.3.1.4 基层应碾压密实，表面干燥、清洁、无浮土，其平整度和路拱度应符合要求。

6.3.1.5 摊铺时应严格控制摊铺厚度和平整度，避免离析，注意控制摊铺和碾压温度，碾压至要求的密实度。

6.3.2 实测项目

沥青混凝土面层实测项目见表12。

表12 沥青混凝土面层实测项目

项次	检查项目		规定值或允许偏差	检查方法和频率	权值
1△	压实度(%)		试验室标准密度的96%； 最大理论密度的92%	按附录B检查，每200m测1处	3
2	平整度(最大间隙h)(mm)		5	3m直尺：每200m测1处×5尺	2
3	弯沉值(0.01mm)		符合设计要求	按附录I检查	2
4	抗滑	摩擦系数	符合设计要求	摆式仪：每200m测1处	2
		构造深度		铺砂法：每200m测1处	
5△	厚度(mm)	平均值	总厚度：-8%H	按附录H检查，每200m测1处	3
		合格值	总厚度：-15%H		
6	宽度(mm)		不小于设计要求	尺量：每200m测1个断面	1

注1：h为3m直尺与面层的最大间隙。
注2：H为沥青层设计总厚度(mm)。

6.3.3 外观鉴定

6.3.3.1 表面应平整密实,不应有泛油、松散、裂缝和明显离析等现象。有上述缺陷的面积(凡属单条的裂缝,则按其实际的长度乘以0.2m宽,折算成面积)之和不得超过受检面积的0.05%。不符合要求时,每超过0.05%减2分。半刚性基层的反射裂缝可不计作施工缺陷,但应及时进行灌缝处理。
6.3.3.2 搭接处应紧密、平顺,烫缝不应枯焦。不符合要求时,累计每10m长减1分。
6.3.3.3 面层与构筑物应密贴接顺,不得有积水或漏水现象。不符合要求时,每处减1分~2分。

6.4 沥青表面处治面层

6.4.1 基本要求

6.4.1.1 在新建或旧路的表层进行表面处治时,应将表面的泥砂及一切杂物清除干净,底层应坚实、稳定、平整,保持干燥后才可施工。
6.4.1.2 沥青材料的各项指标和石料的质量、规格、用量应符合设计要求和规范的规定。
6.4.1.3 沥青喷洒应均匀,无露白,不得污染其他构筑物。
6.4.1.4 嵌缝料应趁热撒铺,扫布均匀,不得有重叠现象,压实平整。

6.4.2 实测项目

沥青表面处治面层实测项目见表13。

表13 沥青表面处治面层实测项目

项次	检查项目		规定值或允许偏差	检查方法和频率	权值
1	平整度(最大间隙 h)(mm)		10	3m直尺:每200m测2处×10尺	2
2	弯沉值(0.01mm)		符合设计要求	按附录I检查	2
3△	厚度(mm)	平均值	-5	按附录H检查,每200m测1点	3
		合格值	-10		
4	抗滑	摩擦系数	符合设计要求	摆式仪:每200m测1处	2
		构造深度		铺砂法:每200m测1处	
5	宽度(mm)		不小于设计要求	尺量:每200m测4处	2

注1:h 为3m直尺与面层的最大间隙。
注2:厚度的平均值为各厚度单点测定值的算术平均值。

6.4.3 外观鉴定

6.4.3.1 表面应平整密实,不应有松散、油包、油丁、波浪、泛油、封面料明显散失等现象。有上述缺陷的面积之和不超过受检面积的0.2%。不符合要求时,每超过0.2%减2分。
6.4.3.2 无明显碾压轮迹。不符合要求时,每处减1分~2分。

6.5 水泥(或二灰)稳定碎石基层和底基层

6.5.1 基本要求

6.5.1.1 碎石应符合设计和规范要求,并应根据当地料源选择质坚干净的集料。

6.5.1.2 水泥、石灰、粉煤灰的质量应符合设计要求，石灰应经充分消解才能使用。

6.5.1.3 水泥、石灰、粉煤灰的用量和矿料级配应按设计要求控制准确，不应含有灰团和生石灰块。

6.5.1.4 路拌深度应达到层底。

6.5.1.5 摊铺时应注意避免离析现象。

6.5.1.6 混合料应处于最佳含水率状况下，采用压路机碾压至要求的压实度。水泥稳定碎石从加水拌和到碾压终了的时间不应超过3h～4h，并应短于水泥的终凝时间。

6.5.1.7 碾压检查合格后应立即覆盖或洒水养生，养生期应符合规范要求。

6.5.2 实测项目

水泥(或二灰)稳定碎石基层和底基层实测项目见表14。

表14 水泥(或二灰)稳定碎石基层和底基层实测项目

项次	检查项目		规定值或允许偏差		检查方法和频率	权值
			基层	底基层		
1△	压实度(%)	代表值	96	94	按附录B检查，每200m测1处×10尺	3
		极值	92	90		
2	平整度(mm)		12	15	3m直尺：每200m测1处×5尺	2
3	宽度(mm)		不小于设计要求		尺量：每200m测1点	1
4△	厚度(mm)	平均值	-12	-15	按附录H检查，每200m测1点	2
		合格值	-20	-30		
5	纵断高程(mm)		+5，-15	+5，-20	水准仪：每200m测4个断面	1
6△	强度(MPa)		符合设计要求		按附录G检查	3
7	横坡(%)		±0.5		水准仪：每200m测1个断面	1
注：厚度的平均值为各厚度单点测定值的算术平均值。						

6.5.3 外观鉴定

6.5.3.1 表面平整密实、无坑洼、无明显离析。不符合要求时，每处减1分～2分。

6.5.3.2 施工接茬平整、稳定。不符合要求时，每处减1分～2分。

6.6 级配碎(砾)石基层和底基层

6.6.1 基本要求

6.6.1.1 应选用质地坚韧、无杂质的碎石、砂砾、石屑或砂，级配应符合要求。

6.6.1.2 配料应准确，塑性指数应符合规定。

6.6.1.3 混合料应拌和均匀，无明显离析现象。

6.6.1.4 碾压应遵循“先轻后重”的原则，洒水碾压至要求的密实度。

6.6.2 实测项目

级配碎(砾)石基层和底基层实测项目见表15。

表 15　级配碎(砾)石基层和底基层实测项目

项次	检查项目		规定值或允许偏差		检查方法和频率	权值
			基层	底基层		
1△	压实度(%)	代表值	98	95	按附录 B 检查,每 200m 测 1 处	3
		极值	93	91		
2	弯沉值(0.01mm)		符合设计要求		按附录 I 检查	3
3	平整度		15	18	3m 直尺:每 200m 测 2 处×10 尺	2
4	宽度(mm)		不小于设计要求		尺量:每 200m 测 4 处	1
5	纵断高程(mm)		+5,-20		水准仪:每 200m 测 4 个断面	1
6△	厚度(mm)	平均值	-12	-15	按附录 H 检查,每 200m 测 1 点	2
		合格值	-20	-30		
7	横坡(%)		±0.5		水准仪:每 200m 测 1 个断面	1
注:厚度的平均值为各厚度单点测定值的算术平均值。						

6.6.3　外观鉴定

表面平整密实,边线整齐,无松散。不符合要求时,每处减 1 分~2 分。

6.7　泥结碎(砾)石基层和底基层

6.7.1　基本要求

6.7.1.1　应选用质地坚韧的碎石、砂砾或分解稳定的轧制矿渣。

6.7.1.2　土的塑性指数应符合规定。石灰质量应符合设计要求,块灰应经充分消解才能使用。

6.7.1.3　石灰和土的用量应按设计要求控制,未消解的生石灰块应剔除。

6.7.1.4　应用振动压路机碾压,碾压后无明显轮迹。

6.7.2　实测项目

泥结碎(砾)石基层和底基层实测项目见表 16。

表 16　泥结碎(砾)石基层和底基层实测项目

项次	检查项目		规定值或允许偏差		检查方法和频率	权值
			基层	底基层		
1△	压实度(%)	代表值	96	94	灌砂法:每 200m 测 1 处	3
		极值	93	91		
2	弯沉值(0.01mm)		符合设计要求		按附录 I 检查	3
3	平整度(mm)		15	18	3m 直尺:每 200m 测 2 处×10 尺	2
4	宽度(mm)		不小于设计要求		尺量:每 200m 测 4 处	1
5	纵断高程(mm)		+5,-20		水准仪:每 200m 测 4 个断面	1
6△	厚度(mm)	平均值	-12	-15	按附录 H 检查,每 200m 测 1 点	2
		合格值	-20	-30		
7	横坡(%)		±0.5		水准仪:每 200m 测 1 个断面	1
注:厚度的平均值为各厚度单点测定值的算术平均值。						

6.7.3 外观鉴定

表面平整密实,边线整齐,无松散现象。不符合要求时,每处减1分~2分。

7 桥梁工程

7.1 一般规定

7.1.1 本章仅列出准四级公路桥涵中常用的分项工程,其他未包含的分项工程参照JTG F80/1《公路工程质量检验评定标准》进行评定。

7.1.2 钢筋混凝土构件和预应力混凝土构件除包括构件浇筑、构件安装等分项工程外,均应包括钢筋加工及安装、预应力筋加工和张拉等分项工程。

7.1.3 拱圈施工应在桥台填土完成后进行,避免因桥台水平位移而引起拱圈开裂。施工中应严密监控拱圈的变形是否正常,一旦出现不利于拱圈稳定的反对称变形或异常变形时,应立即分析原因,并采取措施予以纠正。

7.2 桥梁总体

7.2.1 基本要求

7.2.1.1 桥梁施工应严格按照设计图纸、施工技术规范和有关技术操作规程要求进行。

7.2.1.2 桥下净空不应小于设计要求。

7.2.2 实测项目

桥梁总体及桥面实测项目见表17。

表17 桥梁总体及桥面实测项目

项次	检 查 项 目	规定值或允许偏差	检查方法和频率	权值
1	桥面中线偏位(mm)	20	全站仪或经纬仪:检查3处~8处	2
2	桥宽(mm)	±10	尺量:每孔3处~5处	2
3	桥长(mm)	+300,-100	经纬仪、钢尺:检查中心线	1
4	引道中心线与桥梁中心线的衔接(mm)	20	尺量:分别将引道中心线和桥梁中心线延长至两岸桥长端部,比较其平面位置	2
5	桥头高程衔接(mm)	±3	水准仪:在桥头搭板范围内顺延桥面纵坡,每米1点测量高程	2

7.2.3 外观鉴定

7.2.3.1 桥梁的内外轮廓线条应顺滑清晰,无突变、明显折变或反复现象。不符合要求时减1分~3分。

7.2.3.2 栏杆、防护栏、灯柱和缘石的线形顺滑流畅,无折弯现象。不符合要求时减1分~3分。

7.2.3.3 踏步顺直,与边坡一致。不符合要求时减1分~2分。

7.3 钢筋和预应力筋加工、安装及张拉

7.3.1 钢筋加工及安装

7.3.1.1 基本要求

7.3.1.1.1 钢筋、机械连接器、焊条等的品种、规格和技术性能应符合设计和规范要求。
7.3.1.1.2 冷拉钢筋的机械性能应符合规范要求,钢筋平直,表面不应有裂皮和油污。
7.3.1.1.3 受力钢筋同一截面的接头数量、搭接长度、焊接和机械接头质量应符合规范要求。
7.3.1.1.4 钢筋安装时,应保证设计要求的钢筋根数。
7.3.1.1.5 受力钢筋应平直,表面不应有裂纹及其他损伤。

7.3.1.2 实测项目

钢筋安装实测项目见表18;钢筋网实测项目见表19。

表18 钢筋安装实测项目

<table>
<tr><th>项次</th><th colspan="3">检 查 项 目</th><th>规定值或允许偏差</th><th>检查方法和频率</th><th>权值</th></tr>
<tr><td rowspan="4">1△</td><td rowspan="4">受力钢筋间距(mm)</td><td colspan="2">两排以上排距</td><td>±5</td><td rowspan="4">尺量:每构件检查2个断面</td><td rowspan="4">3</td></tr>
<tr><td rowspan="2">同排</td><td>梁、板、拱肋</td><td>±10</td></tr>
<tr><td>基础、墩台、柱</td><td>±20</td></tr>
<tr><td colspan="2">灌注桩</td><td>±20</td></tr>
<tr><td>2</td><td colspan="3">箍筋、横向水平钢筋、螺旋筋间距(mm)</td><td>±10</td><td>尺量:每构件检查5~10个间距</td><td>2</td></tr>
<tr><td rowspan="2">3</td><td rowspan="2">钢筋骨架尺寸(mm)</td><td colspan="2">长</td><td>±10</td><td rowspan="2">尺量:每骨架总数30%抽查</td><td rowspan="2">1</td></tr>
<tr><td colspan="2">宽、高或直径</td><td>±5</td></tr>
<tr><td>4</td><td colspan="3">弯起钢筋位置(mm)</td><td>±20</td><td>尺量:每骨架抽查30%</td><td>2</td></tr>
<tr><td rowspan="3">5△</td><td rowspan="3">保护层厚度(mm)</td><td colspan="2">柱、梁、拱肋</td><td>±5</td><td rowspan="3">尺量:每构件沿模板周边检查8处</td><td rowspan="3">3</td></tr>
<tr><td colspan="2">基础、墩台</td><td>±10</td></tr>
<tr><td colspan="2">板</td><td>±3</td></tr>
<tr><td colspan="7">注1:小型构件的钢筋安装按总数抽查30%。
注2:在海水或腐蚀环境中,保护层厚度不应出现负值。</td></tr>
</table>

表19 钢筋网实测项目

项次	检 查 项 目	规定值或允许偏差	检查方法和频率	权值
1	网的长、宽(mm)	±10	尺量:全部	1
2	网眼尺寸(mm)	±10	尺量:抽查3个网眼	1
3	对角线差(mm)	15	尺量:抽查3个网眼对角线	1

7.3.1.3 外观鉴定

7.3.1.3.1 钢筋表面无铁锈及焊渣。不符合要求时减1分~3分。

7.3.1.3.2 多层钢筋网要有足够的钢筋支撑,保证骨架的施工刚度。不符合要求时减1分~3分。

7.3.2 预应力筋的加工和张拉

7.3.2.1 基本要求

7.3.2.1.1 预应力筋的各项技术性能应符合设计和规范要求。

7.3.2.1.2 预应力束中的钢丝、钢绞线应梳理顺直,不应有缠绞、扭麻花现象,表面不应有损伤。

7.3.2.1.3 单根钢绞线不允许断丝,单根钢筋不允许断筋或滑移。

7.3.2.1.4 同一截面预应力筋接头面积不超过预应力筋总面积的25%,接头质量应满足施工技术规范的要求。

7.3.2.1.5 预应力筋张拉或放张时,混凝土强度和龄期应符合设计要求,应严格按照设计规定的张拉顺序进行操作。

7.3.2.1.6 预应力钢丝采用镦头锚时,镦头应头形圆整,不应有斜歪或破裂现象。

7.3.2.1.7 制孔管道应安装牢固,接头密合,弯曲圆顺。锚垫板平面应与孔道轴线垂直。

7.3.2.1.8 千斤顶、油表、钢尺等器具应经检验校正。

7.3.2.1.9 锚具、夹具和连接器应符合设计要求,按施工技术规范的要求经检验合格后方可使用。

7.3.2.1.10 压浆工作在5℃以下进行时,应采取防冻或保温措施。

7.3.2.1.11 孔道压浆的水泥浆性能和强度应符合设计和规范要求,压浆时排气、排水孔应有水泥原浆溢出后方可封闭。

7.3.2.1.12 应按设计要求浇筑封锚混凝土。

7.3.2.2 实测项目

钢丝、钢绞线先张法实测项目见表20;钢丝(筋)、钢绞线后张法实测项目见表21。

表20 钢丝、钢绞线先张法实测项目

项次	检查项目		规定值或允许偏差	检查方法和频率	权值
1	镦头钢丝同束长度相对差(mm)	$L>20$m	$L/5000$ 且不大于5	尺量:每批抽查2束	2
		$20\leqslant L\leqslant 6$m	$L/3000$		
		$L<6$m	2		
2△	张拉应力值		符合设计要求	查油压表读数,每束	3
3△	张拉伸长率		符合设计规定,设计未规定时±6%	尺量:每束	3
4	同一构件内断丝根数不超过钢丝总数的百分数(%)		1	目测:每根(束)检查	3
注:L 为钢束长度。					

表 21 钢丝(筋)、钢绞线后张法实测项目

项次	检查项目		规定值或允许偏差	检查方法和频率	权值
1	管道坐标(mm)	梁长方向	±30	尺量:抽查30%,每根查10个点	1
		梁高方向	±10		
2	管道间距(mm)	同排	10	尺量:抽查30%,每根查5个点	1
		上下层	10		
3△	张拉应力值		符合设计要求	查油压表读数,全部	4
4△	张拉伸长率		符合设计规定,设计未规定时±6%	尺量:每束	3
5	断丝(筋)滑丝数	钢束	每束1根,且每断面不超过钢丝总数的1%	目测:每根(束)检查	3
		钢筋	不允许		

7.4 砌体

7.4.1 基础砌体

7.4.1.1 基本要求

7.4.1.1.1 石料或混凝土预制块的质量和规格应符合有关规范和设计要求。

7.4.1.1.2 浆砌所用水泥、砂、水的质量应符合有关规范的要求,按规定的配合比施工。

7.4.1.1.3 地基承载力、基础埋深应满足设计要求。不应超挖回填虚土。

7.4.1.1.4 砌块应错缝、坐浆挤紧,嵌缝料和砂浆饱满,无空洞、宽缝、大堆砂浆填隙和假缝。

7.4.1.2 实测项目

基础砌体实测项目见表22。

表 22 基础砌体实测项目

项次	检查项目		规定值或允许偏差	检查方法和频率	权值
1△	砂浆强度(MPa)		在合格标准内	按附录F检查	3
2	轴线偏位(mm)		25	经纬仪:纵、横向各测量2点	2
3	平面尺寸(mm)		±50	尺量:长、宽各检查2处	2
4	顶面高程(mm)		±30	水准仪:测量3点~5点	1
5△	基底高程(mm)	土质	±50	水准仪:测量3点~5点	2
		石质	+50,-200		

7.4.1.3 外观鉴定

7.4.1.3.1 砌体表面应平整。不符合要求时减 1 分 ~3 分。

7.4.1.3.2 砌缝不应有裂隙。不符合要求时减 1 分 ~3 分。裂隙宽度超过 0.5mm 时应进行处理。

7.4.2 墩台身砌体

参照本标准第 5.4 节执行。

7.4.3 拱圈砌体

7.4.3.1 基本要求

7.4.3.1.1 石料或混凝土预制块的质量和规格应符合设计和规范的要求，使用前石料和预制块的表面应清洁干净，宜浇水湿润。

7.4.3.1.2 浆砌所用水泥、砂、水的质量应符合有关规范要求，按规定的配合比施工。

7.4.3.1.3 拱圈的辐射缝应垂直于拱轴线，辐射缝两侧相邻两行拱石的砌缝应互相错开，错开距离不应小于 100mm。

7.4.3.1.4 砌块应错缝、坐浆挤紧，嵌缝料和砂浆饱满，无空洞、宽缝、大堆砂浆填隙和假缝。

7.4.3.1.5 拱架应牢固、稳定，严格按设计规定的顺序砌筑拱圈和卸架。

7.4.3.2 实测项目

拱圈砌体实测项目见表 23。

表 23 拱圈砌体实测项目

<table>
<tr><th>项次</th><th colspan="2">检 查 项 目</th><th>规定值或允许偏差</th><th>检查方法和频率</th><th>权值</th></tr>
<tr><td>1△</td><td colspan="2">砂浆强度(MPa)</td><td>在合格标准内</td><td>按附录 F 检查</td><td>3</td></tr>
<tr><td>2</td><td colspan="2">砌体外侧平面偏位(mm)</td><td>+30，-10</td><td>经纬仪：检查拱脚、拱顶、1/4 跨共 5 处</td><td>1</td></tr>
<tr><td>3△</td><td colspan="2">拱圈厚度(mm)</td><td>+30,0</td><td>尺量：检查拱脚、拱顶、1/4 跨共 5 处</td><td>2</td></tr>
<tr><td>4</td><td colspan="2">相邻镶面砌块表层错位(mm)</td><td>5</td><td>拉线用尺量：检查 3 处 ~5 处</td><td>1</td></tr>
<tr><td rowspan="3">5△</td><td rowspan="3">内弧线偏离设计弧线(mm)</td><td>跨径≤30m</td><td>±20</td><td rowspan="3">水准仪或尺量：检查拱脚、拱顶、1/4 跨共 5 处高程</td><td rowspan="3">2</td></tr>
<tr><td>跨径>30m</td><td>±1/1500 跨径</td></tr>
<tr><td>极值</td><td>拱腹四分点：允许偏差的 2 倍且反向</td></tr>
<tr><td colspan="6">注：项次 2 平面偏位向外为“+”，向内为“-”。</td></tr>
</table>

7.4.3.3 外观鉴定

7.4.3.3.1 拱圈轮廓线应清晰，表面整齐。不符合要求时减 1 分 ~3 分。

7.4.3.3.2 勾缝应平顺，无开裂和脱落现象。不符合要求时减 1 分 ~3 分。

7.4.3.3.3 砌缝不应有裂隙。不符合要求时减 1 分 ~3 分。裂缝宽度超过 0.5mm 时应进行处理。

7.5 基础

7.5.1 扩大基础

7.5.1.1 基本要求

7.5.1.1.1 混凝土所用水泥、砂、石、水、外加剂及拌和材料的质量和规格，必须符合有关技术规范要求，按规定的配合比施工。
7.5.1.1.2 不应出现露筋和空洞现象。
7.5.1.1.3 基础的地基承载能力应满足设计要求。
7.5.1.1.4 不应超挖回填虚土。

7.5.1.2 实测项目

扩大基础实测项目见表24。

表24 扩大基础实测项目

项次	检查项目		规定值或允许偏差	检查方法和频率	权值
1△	混凝土强度(MPa)		在合格标准内	按附录D检查	3
2	平面尺寸(mm)		±50	尺量：长、宽各检查3处	2
3△	基础底面高程(mm)	土质	±50	水准仪：测量5点~8点	2
		石质	±50，-200		
4	基础顶面高程(mm)		±30	水准仪：测量5点~8点	1
5	轴线偏位(mm)		25	经纬仪：纵、横向各检查2点	2

7.5.1.3 外观鉴定

混凝土表面应平整，无明显施工接缝。不符合要求时减1分~3分。

7.5.2 钻孔灌注桩

7.5.2.1 基本要求

7.5.2.1.1 桩身混凝土所用水泥、砂、石、水、外加剂及拌和材料的质量和规格，必须符合有关技术规范要求，按规定的配合比施工。
7.5.2.1.2 成孔后应清孔，测量孔径、孔深、孔位和沉淀层厚度，确认满足设计和规范要求后，方可灌注水下混凝土。
7.5.2.1.3 水下混凝土应连续灌注，不应有夹层和断桩。
7.5.2.1.4 嵌入承台的锚固钢筋长度不应低于设计规定的最小锚固长度要求。
7.5.2.1.5 桩应采用无破损法进行检测，设计有规定或对桩的质量有怀疑时，应采取钻取芯样的方法对桩进行检测。
7.5.2.1.6 凿除桩头预留混凝土后，桩顶应无残余松散混凝土。

7.5.2.2 实测项目

钻孔灌注桩实测项目见表25。

表 25　钻孔灌注桩实测项目

<table>
<tr><th>项次</th><th colspan="3">检 查 项 目</th><th>规定值或允许偏差</th><th>检查方法和频率</th><th>权值</th></tr>
<tr><td>1△</td><td colspan="3">混凝土强度(MPa)</td><td>在合格标准内</td><td>按附录 D 检查</td><td>3</td></tr>
<tr><td rowspan="3">2△</td><td rowspan="3">桩位(mm)</td><td colspan="2">群桩</td><td>100</td><td rowspan="3">全站仪或经纬仪:每桩检查</td><td rowspan="3">2</td></tr>
<tr><td rowspan="2">排架桩</td><td>允许</td><td>50</td></tr>
<tr><td>极值</td><td>100</td></tr>
<tr><td>3△</td><td colspan="3">孔深(mm)</td><td>不小于设计要求</td><td>测绳量:每桩测量</td><td>3</td></tr>
<tr><td>4△</td><td colspan="3">孔径(mm)</td><td>不小于设计要求</td><td>探孔器:每桩测量</td><td>3</td></tr>
<tr><td>5</td><td colspan="3">钻孔倾斜度(mm)</td><td>1% 桩长,且不大于 500</td><td>钻杆垂线法:每桩检查</td><td>1</td></tr>
<tr><td rowspan="2">6△</td><td rowspan="2">沉淀厚度(mm)</td><td colspan="2">摩擦桩</td><td>符合设计规定</td><td rowspan="2">沉淀盒或标准测锤:每桩检查</td><td rowspan="2">2</td></tr>
<tr><td colspan="2">支承桩</td><td>不大于设计规定</td></tr>
<tr><td>7</td><td colspan="3">钢筋骨架底面高程(mm)</td><td>±50</td><td>水准仪:测每桩骨架顶面高程后反算</td><td>1</td></tr>
</table>

7.5.2.3　外观鉴定

7.5.2.3.1　桩的质量有缺陷,但经设计单位确认仍可用时,应减 3 分。

7.5.2.3.2　桩顶面应平整,桩柱连接处应平顺且无局部修补。不符合要求时减 1 分 ~3 分。

7.5.3　挖孔桩

7.5.3.1　基本要求

7.5.3.1.1　桩身混凝土所用水泥、砂、石、水、外加剂及拌和材料的质量和规格,必须符合有关技术规范要求,按规定的配合比施工。

7.5.3.1.2　挖孔达到设计深度后,应及时进行孔底处理,应做到无松渣、淤泥等扰动软土层,使孔底情况满足设计要求。

7.5.3.1.3　嵌入承台的锚固钢筋长度不应低于设计规定的最小锚固长度要求。

7.5.3.2　实测项目

挖孔桩实测项目见表 26。

表 26　挖孔桩实测项目

<table>
<tr><th>项次</th><th colspan="3">检 查 项 目</th><th>规定值或允许偏差</th><th>检查方法和频率</th><th>权值</th></tr>
<tr><td>1△</td><td colspan="3">混凝土强度(MPa)</td><td>在合格标准内</td><td>按附录 D 检查</td><td>3</td></tr>
<tr><td rowspan="3">2△</td><td rowspan="3">桩位(mm)</td><td colspan="2">群桩</td><td>100</td><td rowspan="3">全站仪或经纬仪:每桩检查</td><td rowspan="3">2</td></tr>
<tr><td rowspan="2">排架桩</td><td>允许</td><td>50</td></tr>
<tr><td>极值</td><td>100</td></tr>
<tr><td>3△</td><td colspan="3">孔深(mm)</td><td>不小于设计要求</td><td>测绳量:每桩测量</td><td>3</td></tr>
<tr><td>4△</td><td colspan="3">孔径(mm)</td><td>不小于设计要求</td><td>探孔器:每桩测量</td><td>3</td></tr>
<tr><td>5</td><td colspan="3">钻孔倾斜度</td><td>0.5% 桩长,且不大于 200</td><td>钻杆垂线法:每桩检查</td><td>1</td></tr>
<tr><td>6</td><td colspan="3">钢筋骨架底面高程(mm)</td><td>±50</td><td>水准仪:测每桩骨架顶面高程后反算</td><td>1</td></tr>
</table>

7.5.3.3 外观鉴定

7.5.3.3.1 桩的质量有缺陷,但经设计单位确认仍可用时,应减3分。

7.5.3.3.2 桩顶面应平整,桩柱连接处应平顺且无局部修补。不符合要求时减1分~3分。

7.5.4 承台

7.5.4.1 基本要求

7.5.4.1.1 混凝土所用水泥、砂、石、水、外加剂及拌和材料的质量和规格,必须符合有关技术规范要求,按规定的配合比施工。

7.5.4.1.2 应采取措施控制水化热引起的混凝土内最高温度及内外温差在允许范围内,防止出现温度裂缝。

7.5.4.1.3 不应出现露筋和空洞现象。

7.5.4.2 实测项目

承台实测项目见表27。

表27 承台实测项目

项次	检 查 项 目	规定值或允许偏差	检查方法和频率	权值
1△	混凝土强度(MPa)	在合格标准内	按附录D检查	3
2	尺寸(mm)	±30	尺量:长、宽、高各检查2点	1
3	顶面高程(mm)	±20	水准仪:测量5处	2
4	轴线偏位(mm)	15	经纬仪:纵、横向各测量2点	2

7.5.4.3 外观鉴定

7.5.4.3.1 混凝土表面平整,棱角平直,无明显施工接缝。不符合要求时,每处减1分~3分。

7.5.4.3.2 蜂窝、麻面面积不应超过该面总面积的0.5%。不符合要求时,每超过0.5%减3分。深度超过1cm的应处理。

7.5.4.3.3 混凝土表面出现非受力裂缝时减1分~3分,裂缝宽度超过设计规定或设计未规定时超过0.15mm的应处理。

7.6 墩、台身和盖梁

7.6.1 混凝土墩、台身

7.6.1.1 基本要求

7.6.1.1.1 混凝土所用水泥、砂、石、水、外加剂及拌和材料的质量和规格,必须符合有关技术规范要求,按规定的配合比施工。

7.6.1.1.2 不应出现空洞和露筋现象。

7.6.1.2 实测项目

墩、台身实测项目见表28；柱或双壁墩身实测项目见表29。

表28 墩、台身实测项目

项次	检 查 项 目	规定值或允许偏差	检查方法和频率	权值
1△	混凝土强度(MPa)	在合格标准内	按附录D检查	3
2	断面尺寸(mm)	±20	尺量：检查3个断面	2
3	竖直度或斜度(mm)	0.3%H且不大于20	吊垂线或经纬仪：测量2点	2
4	顶面高程(mm)	±10	水准仪：测量3处	2
5△	轴线偏位(mm)	10	经纬仪：纵、横向各测量2点	2
6	节段间错台(mm)	5	尺量：每节检查4处	1
7	大面积平整度(mm)	5	2m直尺：检查竖直、水平两个方向，每$20m^2$测1处	1
8	预埋件位置(mm)	符合设计规定，设计未规定时10	尺量：每件	1
注：H为墩、台身高度。				

表29 柱或双壁墩身实测项目

项次	检 查 项 目	规定值或允许偏差	检查方法和频率	权值
1△	混凝土强度(MPa)	在合格标准内	按附录D检查	3
2	相邻间距(mm)	±20	尺量：检查顶、中、底3处	1
3	竖直度(mm)	0.3%H且不大于20	吊垂线或经纬仪：测量2点	2
4	柱(墩)顶高程(mm)	±10	水准仪：测量3处	2
5△	轴线偏位(mm)	10	经纬仪：纵、横向各测量2点	2
6	断面尺寸(mm)	±15	尺量：检查3个断面	2
7	节段间错台(mm)	3	尺量：每节检查2处~4处	1
注：H为墩身或柱高度。				

7.6.1.3 外观鉴定

7.6.1.3.1 混凝土表面平整，施工缝平顺，棱角线平直，外露面色泽一致。不符合要求时减1分~3分。

7.6.1.3.2 混凝土表面出现蜂窝、麻面每超过0.5%减3分。深度超过1cm的应处理。
7.6.1.3.3 混凝土表面出现非受力裂缝时减1分~3分,裂缝宽度超过设计规定或设计未规定时超过0.15mm的应处理。
7.6.1.3.4 施工临时预埋件或其他临时设计设施未清除时,减1分~2分。

7.6.2 墩、台帽或盖梁

7.6.2.1 基本要求

7.6.2.1.1 混凝土所用水泥、砂、石、水、外加剂及拌和材料的质量和规格,必须符合有关技术规范要求,按规定的配合比施工。
7.6.2.1.2 不应出现空洞和露筋现象。

7.6.2.2 实测项目

墩、台帽或盖梁实测项目见表30。

表30 墩、台帽或盖梁实测项目

项次	检 查 项 目	规定值或允许偏差	检查方法和频率	权值
1△	混凝土强度(MPa)	在合格标准内	按附录D检查	3
2	断面尺寸(mm)	±20	尺量:检查3个断面	2
3△	轴线偏位(mm)	10	经纬仪:纵、横向各测量2点	2
4△	顶面高程(mm)	±10	水准仪:测量3点	2
5	支座垫石预留位置(mm)	10	尺量:每个	1

7.6.2.3 外观鉴定

7.6.2.3.1 混凝土表面平整,施工缝平顺,棱角线平直。不符合要求时减1分~3分。
7.6.2.3.2 墩、台帽和盖梁如出现蜂窝、麻面,应进行修整,并减1分~4分。
7.6.2.3.3 墩、台帽和盖梁出现非受力裂缝时减1分~3分,裂缝宽度超过设计规定或设计未规定时超过0.15mm的应处理。

7.7 梁桥

7.7.1 预制和安装梁(板)

7.7.1.1 基本要求

7.7.1.1.1 混凝土所用水泥、砂、石、水、外加剂及拌和材料的质量和规格,必须符合有关技术规范要求,按规定的配合比施工。
7.7.1.1.2 梁(板)不应出现露筋和空洞现象。
7.7.1.1.3 梁(板)在吊移出预制底座时,混凝土强度应不低于设计所要求的吊装强度;梁(板)在安装时,支承结构(墩台、盖梁、垫石)的强度应符合设计要求。
7.7.1.1.4 梁(板)安装前,墩、台支座垫板应稳固。
7.7.1.1.5 梁(板)就位后,梁两端支座应对位,梁(板)底与支座以及支座底与垫石顶应密贴,否则应重新安装。

7.7.1.1.6 两梁(板)之间接缝填充材料的规格和强度应符合设计要求。

7.7.1.2 实测项目

梁(板)预制实测项目见表31;梁(板)安装实测项目见表32。

表31 梁(板)预制实测项目

<table>
<tr><th>项次</th><th colspan="3">检 查 项 目</th><th>规定值或允许偏差</th><th>检查方法和频率</th><th>权值</th></tr>
<tr><td>1△</td><td colspan="3">混凝土强度(MPa)</td><td>在合格标准内</td><td>按附录D检查</td><td>3</td></tr>
<tr><td>2</td><td colspan="3">梁(板)长度(mm)</td><td>+5,-10</td><td>尺量:每梁(板)</td><td>1</td></tr>
<tr><td rowspan="4">3</td><td rowspan="4">宽度(mm)</td><td colspan="2">干接缝(梁翼缘、板)</td><td>±10</td><td rowspan="4">尺量:检查3处</td><td rowspan="4">1</td></tr>
<tr><td colspan="2">湿接缝(梁翼缘、板)</td><td>±20</td></tr>
<tr><td rowspan="2">箱梁</td><td>顶宽</td><td>±30</td></tr>
<tr><td>底宽</td><td>±20</td></tr>
<tr><td>4△</td><td colspan="3">高度(mm)</td><td>±5</td><td>尺量:检查2个断面</td><td>1</td></tr>
<tr><td rowspan="3">5△</td><td rowspan="3">断面尺寸(mm)</td><td colspan="2">顶板厚</td><td rowspan="3">+5,0</td><td rowspan="3">尺量:检查2个断面</td><td rowspan="3">2</td></tr>
<tr><td colspan="2">底板厚</td></tr>
<tr><td colspan="2">腹板或梁肋</td></tr>
<tr><td>6</td><td colspan="3">平整度(mm)</td><td>5</td><td>2m直尺:每侧面每10m梁长测1处</td><td>1</td></tr>
<tr><td>7</td><td colspan="3">横系梁及预埋件位置(mm)</td><td>5</td><td>尺量:每件</td><td>1</td></tr>
</table>

表32 梁(板)安装实测项目

<table>
<tr><th>项次</th><th colspan="2">检 查 项 目</th><th>规定值或允许偏差</th><th>检查方法和频率</th><th>权值</th></tr>
<tr><td rowspan="2">1△</td><td rowspan="2">支承中心偏位(mm)</td><td>梁</td><td>5</td><td rowspan="2">尺量:每孔抽查4个~6个支座</td><td rowspan="2">3</td></tr>
<tr><td>板</td><td>10</td></tr>
<tr><td>2</td><td colspan="2">倾斜度(%)</td><td>1.2</td><td>吊垂线:每孔检查3片梁</td><td>2</td></tr>
<tr><td>3</td><td colspan="2">梁(板)顶面纵向高程(mm)</td><td>+8,-5</td><td>水准仪:抽查每孔2片,每片3点</td><td>2</td></tr>
<tr><td>4</td><td colspan="2">相邻梁(板)顶面高程(mm)</td><td>8</td><td>尺量:每相邻梁(板)</td><td>1</td></tr>
</table>

7.7.1.3 外观鉴定

7.7.1.3.1 混凝土表面平整,颜色一致,无明显施工接缝。不符合要求时减1分~3分。

7.7.1.3.2 混凝土表面不应出现蜂窝、麻面,如出现应修整,并减1分~2分。

7.7.1.3.3 混凝土表面出现非受力裂缝时减1分~3分,裂缝宽度超过设计规定或设计未规定时超过

0.15mm 的应处理。

7.7.1.3.4 封锚混凝土应密实、平整。不符合要求时减 2 分 ~4 分。

7.7.1.3.5 梁、板的填缝应平整密实。不符合要求时减 1 分 ~3 分。

7.7.1.3.6 梁体内不应遗留建筑垃圾、杂物、临时预埋件等。不符合要求时减 1 分 ~2 分,并应清除干净。

7.7.2 就地浇筑梁(板)

7.7.2.1 基本要求

7.7.2.1.1 混凝土所用水泥、砂、石、水、外加剂及拌和材料的质量和规格,必须符合有关技术规范要求,按规定的配合比施工。

7.7.2.1.2 支架和模板的强度、刚度、稳定性应满足规范的要求。

7.7.2.1.3 预计的支架变形及地基下沉量应满足施工后梁体设计高程的要求,应采取对支架预压的措施。

7.7.2.1.4 梁(板)不应出现露筋和空洞现象。

7.7.2.1.5 预埋件的设置和固定应满足设计和规范的要求。

7.7.2.2 实测项目

就地浇筑梁(板)实测项目见表 33。

表 33 就地浇筑梁(板)实测项目

项次	检查项目		规定值或允许偏差	检查方法和频率	权值
1△	混凝土强度(MPa)		在合格标准内	按附录 D 检查	3
2△	轴线偏位(mm)		10	经纬仪:测量 3 处	2
3	梁板顶面高程		±10	水准仪:检查 3 处 ~5 处	1
4△	断面尺寸(mm)	高度	+5,-10	尺量:每跨检查 1 个 ~3 个断面	2
		顶宽	±30		
		箱梁底宽	±20		
		顶、底、腹板或梁肋厚	+10,0		
5	长度(mm)		+5,-10	尺量:每梁(板)	1
6	横坡(mm)		±0.15	水准仪:每跨检查 1 处 ~3 处	1
7	平整度(mm)		5	2m 直尺:每侧面每 10m 梁长测 1 处	1

7.7.2.3 外观鉴定

7.7.2.3.1 混凝土表面平整,颜色一致,无明显施工接缝。不符合要求时减 1 分 ~3 分。

7.7.2.3.2 混凝土表面不应出现蜂窝、麻面,如出现应修整,并减 1 分 ~2 分。

7.7.2.3.3 混凝土表面出现非受力裂缝时减 1 分 ~3 分,裂缝宽度超过设计规定或设计未规定时超过 0.15mm 的应处理。

7.7.2.3.4 封锚混凝土应密实、平整。不符合要求时减 2 分 ~4 分。

7.7.2.3.5 梁体内不应遗留建筑垃圾、杂物、临时预埋件等。不符合要求时减 1 分 ~2 分,并应清除干净。

7.8 拱桥

7.8.1 就地浇筑拱圈

7.8.1.1 基本要求

7.8.1.1.1 混凝土所用水泥、砂、石、水、外加剂及拌和材料的质量和规格,必须符合有关技术规范要求,按规定的配合比施工。

7.8.1.1.2 支架式拱架应按照施工技术规范的要求进行制作,应牢固稳定。

7.8.1.1.3 应按照设计规定的施工顺序浇筑拱圈混凝土。

7.8.1.1.4 拱架的卸落应按照设计和有关规范规定的卸架顺序进行。

7.8.1.1.5 不应出现露筋和空洞现象。

7.8.1.2 实测项目

就地浇筑拱圈实测项目见表 34。

表 34 就地浇筑拱圈实测项目

项次	检查项目		规定值或允许偏差	检查方法和频率	权值
1△	混凝土强度(MPa)		在合格标准内	按附录 D 检查	3
2	轴线偏位(mm)		10	经纬仪:测量 5 处	1
3△	内弧线偏离设计弧线(mm)	$L \leq 30m$	±20	水准仪:检查 5 处	2
		$L > 30m$	$\pm L/1500$		
4△	断面尺寸(mm)	高度	±5	尺量:拱脚、L/4、拱顶 5 个断面	2
		顶、底、腹板厚	+10,0		
5	拱宽(mm)	板拱	±20	尺量:拱脚、L/4、拱顶 5 个断面	1
		肋拱	±10		
6	拱肋间距(mm)		5	尺量:检查 5 处	1
注:L 为跨径。					

7.8.1.3 外观鉴定

7.8.1.3.1 混凝土表面平整,线形圆顺,颜色一致。不符合要求时减 1 分 ~3 分。

7.8.1.3.2 混凝土麻面面积不得超过该面积的 0.5%。不符合要求时,每超过 0.5% 减 3 分,深度超过 10mm 的应处理。

7.8.1.3.3 混凝土表面出现非受力裂缝时减 1 分 ~3 分,裂缝宽度超过设计规定或设计未规定时超过 0.15mm 的应处理。

7.8.2 拱圈节段的预制

7.8.2.1 基本要求

7.8.2.1.1 混凝土所用水泥、砂、石、水、外加剂及拌和材料的质量和规格应符合设计和规范的要求，按规定的配合比施工。
7.8.2.1.2 不应出现露筋和空洞现象。

7.8.2.2 实测项目

预制拱圈节段实测项目见表35。

表35 预制拱圈节段实测项目

<table>
<tr><th>项次</th><th colspan="2">检 查 项 目</th><th>规定值或允许偏差</th><th>检查方法和频率</th><th>权值</th></tr>
<tr><td>1△</td><td colspan="2">混凝土强度(MPa)</td><td>在合格标准内</td><td>按附录D检查</td><td>3</td></tr>
<tr><td>2△</td><td colspan="2">内弧偏离设计弧线(mm)</td><td>±5</td><td>样板:每段测1点~3点</td><td>2</td></tr>
<tr><td>3</td><td colspan="2">每段拱箱内弧长(mm)</td><td>0,-10</td><td>尺量:每段</td><td>1</td></tr>
<tr><td>4</td><td colspan="2">拱箱接头倾斜(mm)</td><td>±5</td><td>角尺:每接头</td><td>1</td></tr>
<tr><td rowspan="2">5△</td><td rowspan="2">断面尺寸(mm)</td><td>顶底腹板厚</td><td>+10,0</td><td rowspan="2">尺量:检查2处</td><td rowspan="2">2</td></tr>
<tr><td>宽度及高度</td><td>+10,-5</td></tr>
<tr><td rowspan="2">6</td><td rowspan="2">平面度(mm)</td><td>肋拱</td><td>5</td><td rowspan="2">拉线用尺量:每段测1点~3点</td><td rowspan="2">1</td></tr>
<tr><td>箱拱</td><td>10</td></tr>
<tr><td rowspan="2">7</td><td rowspan="2">预埋件位置(mm)</td><td>肋拱</td><td>5</td><td rowspan="2">尺量:每件</td><td rowspan="2">1</td></tr>
<tr><td>箱拱</td><td>10</td></tr>
</table>

7.8.2.3 外观鉴定

7.8.2.3.1 混凝土表面平整，线形圆顺，颜色一致。不符合要求时减1分~3分。
7.8.2.3.2 混凝土麻面面积不应超过该面积的0.5%。不符合要求时，每超过0.5%减3分，深度超过10mm的应处理。
7.8.2.3.3 混凝土表面出现非受力裂缝时减1分~3分，裂缝宽度超过设计规定或设计未规定时超过0.15mm的应处理。

7.8.3 拱的安装

7.8.3.1 基本要求

7.8.3.1.1 拱桥安装应按设计规定的程序进行施工。
7.8.3.1.2 拱段接头采用现浇混凝土时，应确保其强度和质量，并达到设计规定后，方可进行拱上建筑的施工。
7.8.3.1.3 安装过程中，如杆件或节点出现开裂，应查明原因，采取措施后方可继续进行。
7.8.3.1.4 合拢段两侧高差应在设计规定的允许范围内。

7.8.3.2 实测项目

主拱圈安装实测项目见表36；腹拱安装实测项目见37。

表 36 主拱圈安装实测项目

<table>
<tr><th>项次</th><th colspan="2">检 查 项 目</th><th colspan="3">规定值或允许偏差</th><th>检查方法和频率</th><th>权值</th></tr>
<tr><td rowspan="2">1△</td><td rowspan="2">轴线偏位(mm)</td><td>$L \leqslant 60m$</td><td colspan="3">10</td><td rowspan="2">经纬仪:检查5处</td><td rowspan="2">2</td></tr>
<tr><td>$L > 60m$</td><td colspan="3">$L/6000$</td></tr>
<tr><td rowspan="2">2△</td><td rowspan="2">拱圈高程(mm)</td><td>$L \leqslant 60m$</td><td colspan="3">±20</td><td rowspan="2">水准仪:检查5点~7点</td><td rowspan="2">3</td></tr>
<tr><td>$L > 60m$</td><td colspan="3">$\pm L/3000$</td></tr>
<tr><td rowspan="3">3△</td><td colspan="2" rowspan="3">对称接头点相对高差(mm)</td><td rowspan="2">允许</td><td>$L \leqslant 60m$</td><td>20</td><td rowspan="3">水准仪:检查每段</td><td rowspan="3">2</td></tr>
<tr><td>$L > 60m$</td><td>$L/3000$</td></tr>
<tr><td>极值</td><td colspan="2">允许偏差的2倍且反向</td></tr>
<tr><td rowspan="2">4</td><td colspan="2" rowspan="2">同跨各拱肋相对高差(mm)</td><td colspan="2">$L \leqslant 60m$</td><td>20</td><td rowspan="2">水准仪:检查5处</td><td rowspan="2">1</td></tr>
<tr><td colspan="2">$L > 60m$</td><td>$L/3000$</td></tr>
<tr><td>5</td><td colspan="2">同跨各拱肋间距(mm)</td><td colspan="3">30</td><td>尺量:检查5处</td><td>1</td></tr>
<tr><td colspan="8">**注1**:正拱斜置时,项次3为两对称接头点(实际高程-设计高程)之差。
注2:L为 跨径。</td></tr>
</table>

表 37 腹拱安装实测项目

项次	检 查 项 目	规定值或允许偏差	检查方法和频率	权值
1	轴线偏位(mm)	10	经纬仪:纵、横向各检查2处	1
2	起拱线高程(mm)	±20	水准仪:每起拱线测2点	2
3	相邻块件高差(mm)	5	尺量:每相邻块件检查1处~3处	2

7.8.3.3 外观鉴定

7.8.3.3.1 接头处无因焊接或局部受力造成的混凝土开裂、缺损或露筋现象。不符合要求时减3分~5分,并进行整修。

7.8.3.3.2 垫塞楔形钢板应均匀合理。不符合要求时减1分~3分。

7.8.3.3.3 节点应平整,接头两侧的杆件应无错台。不符合要求时减1分~3分。

7.8.3.3.4 上下弦杆线形顺畅,表面平整。不符合要求时减1分~3分。

7.9 桥面系和附属工程

7.9.1 支座安装

7.9.1.1 基本要求

7.9.1.1.1 支座的材料、质量和规格应满足设计和规范的要求,经验收合格后方可安装。

7.9.1.1.2 支座底板调平砂浆性能应符合设计要求,灌注密实,不应留有空洞。

7.9.1.1.3 支座不应发生偏歪、不均匀受力和脱空现象。滑动面上的四氟滑板和不锈钢板不应有划痕、碰伤等,位置正确,安装前应涂上硅脂油。

7.9.1.2 实测项目

支座安装实测项目见表38。

表 38　支座安装实测项目

<table>
<tr><th>项次</th><th colspan="2">检 查 项 目</th><th>规定值或允许偏差</th><th>检查方法和频率</th><th>权值</th></tr>
<tr><td>1△</td><td colspan="2">支座中心横桥向偏位(mm)</td><td>2</td><td>经纬仪、钢尺:每支座</td><td>3</td></tr>
<tr><td>2</td><td colspan="2">支座顺桥向偏位(mm)</td><td>10</td><td>经纬仪或拉线检查:每支座</td><td>2</td></tr>
<tr><td>3△</td><td colspan="2">支座高程(mm)</td><td>符合设计规定,设计未规定时 ±5</td><td>水准仪:每支座</td><td>3</td></tr>
<tr><td rowspan="2">4</td><td rowspan="2">支座四角高差(mm)</td><td>承压力≤500kN</td><td>1</td><td rowspan="2">水准仪:每支座</td><td rowspan="2">2</td></tr>
<tr><td>承压力 >500kN</td><td>2</td></tr>
</table>

7.9.1.3　外观鉴定

支座表面应保持清洁,支座附近的杂物及灰尘应清除。不符合要求时应处理,并减 1 分 ~3 分。

7.9.2　伸缩缝安装

7.9.2.1　基本要求

7.9.2.1.1　伸缩缝应满足设计和规范的要求,应有产品合格证,并经验收合格后方可安装。
7.9.2.1.2　伸缩缝应锚固牢靠,伸缩性能应有效。
7.9.2.1.3　伸缩缝两侧混凝土类型和强度,应符合设计要求。
7.9.2.1.4　大型伸缩缝与钢梁连接处的焊缝应做超声检测,检测结果应合格。
7.9.2.1.5　伸缩缝处不应积水。

7.9.2.2　实测项目

伸缩缝安装实测项目见表 39。

表 39　伸缩缝安装实测项目

<table>
<tr><th>项次</th><th>检 查 项 目</th><th colspan="2">规定值或允许偏差</th><th>检查方法和频率</th><th>权值</th></tr>
<tr><td>1</td><td>长度(mm)</td><td colspan="2">符合设计要求</td><td>尺量:每道</td><td>2</td></tr>
<tr><td>2△</td><td>缝宽(mm)</td><td colspan="2">符合设计要求</td><td>尺量:每道 2 处</td><td>3</td></tr>
<tr><td>3△</td><td>与桥面高差(mm)</td><td colspan="2">2</td><td>尺量:每侧 3 处 ~7 处</td><td>3</td></tr>
<tr><td rowspan="2">4</td><td rowspan="2">纵坡(%)</td><td>一般</td><td>±0.5</td><td>水准仪:测量纵向锚固混凝土端部 3 处</td><td rowspan="2">2</td></tr>
<tr><td>大型</td><td>±0.2</td><td>水准仪:沿纵向测伸缩缝两侧 3 处</td></tr>
<tr><td>5</td><td>横向平整度(mm)</td><td colspan="2">3</td><td>3m 直尺:每道</td><td>1</td></tr>
<tr><td colspan="6">注:项次 2 应按安装时的气温折算。</td></tr>
</table>

7.9.2.3　外观鉴定

伸缩缝无阻塞、渗漏、变形、开裂现象。不符合要求时应进行整修,并减 1 分 ~3 分。

7.9.3　栏杆及护栏

7.9.3.1　基本要求

7.9.3.1.1　混凝土所用水泥、砂、石、水、外加剂及拌和材料的质量和规格,必须符合有关技术规范要求，按规定的配合比施工。
7.9.3.1.2 栏杆应在人行道板铺完后方可安装。不应出现露筋和空洞。
7.9.3.1.3 栏杆安装应牢固，其杆件连接处的填缝料应饱满平整，强度应满足设计要求。

7.9.3.2 实测项目

栏杆及护栏实测项目见表40。

表40 栏杆及护栏实测项目

项次	检查项目	规定值或允许偏差	检查方法和频率	权值
1△	栏杆平面偏位(mm)	4	经纬仪、钢尺拉线检查：每30m检查1处	3
2△	扶手高度(mm)	±10	水准仪：抽查20%	3
	柱顶高差(mm)	4		
3	接缝两侧扶手高度(mm)	3	尺量：抽查20%	2
4	竖杆或柱纵横向竖直度(mm)	4	吊垂线：抽查20%	2

7.9.3.3 外观鉴定

7.9.3.3.1 栏杆、护栏线形直顺美观。不符合要求时减1分~3分。
7.9.3.3.2 杆件接缝处应无开裂现象。不符合要求时减1分~3分。分混凝土表面应平整，不应出现蜂窝、麻面。如出现应修整完好，并减1分~3分。

7.9.4 混凝土防撞护栏

7.9.4.1 基本要求

7.9.4.1.1 混凝土所用水泥、砂、石、水、外加剂及拌和材料的质量和规格，必须符合有关技术规范要求，按规定的配合比施工。
7.9.4.1.2 不应出现露筋和空洞现象。
7.9.4.1.3 防撞护栏上的钢构件应焊接牢固，焊缝应满足设计和规范的要求，并按设计要求进行防护。

7.9.4.2 实测项目

混凝土防撞护栏实测项目见表41。

表41 混凝土防撞护栏实测项目

项次	检查项目	规定值或允许偏差	检查方法和频率	权值
1△	混凝土强度(MPa)	在合格标准内	按附录D检查	3
2	平面偏位(mm)	4	经纬仪、钢尺拉线检查：每100m检查3处	2
3	断面尺寸(mm)	±5	水准仪或尺量：每100m每侧检查3处	2
4	竖直度(mm)	4	吊垂线：每100m每侧检查3处	1
5	预埋件位置(mm)	5	尺量：每件	1

7.9.4.3 外观鉴定

7.9.4.3.1 防撞护栏线形直顺美观。不符合要求时减1分~3分。

7.9.4.3.2　分混凝土表面应平整,不应出现蜂窝、麻面。如出现应修整完好,并减1分~3分。

7.9.4.3.3　防撞护栏浇筑节段间应平滑顺接。不符合要求时减1分~3分。

8　隧道工程

8.1　一般规定

8.1.1　本标准仅列出隧道工程中常用的分项工程。对未包含的分项工程按JTG F80/1《公路工程质量检验评定标准》执行。

8.1.2　隧道洞口的开挖,应按照第5.2节路基土石方工程的标准进行检验评定;洞门和翼墙的浇(砌)筑和洞口边坡、仰坡防护按第5.4节砌筑工程评定。

8.1.3　隧道路面的基层、面层,应按照路基、路面的标准进行检验评定。

8.1.4　隧道防排水工程施工质量应符合下列要求:

a)　拱部、边墙不滴水;

b)　路面不冒水、不积水;

c)　洞内排水系统不淤积、不堵塞,确保排水通畅。

8.2　隧道总体

8.2.1　基本要求

8.2.1.1　洞口设置应符合设计要求。

8.2.1.2　应按设计设置洞内外的排水系统,不淤积、不堵塞。

8.2.1.3　隧道防排水施工质量应符合8.1.4条的规定。

8.2.2　实测项目

隧道总体实测项目见表42。

表42　隧道总体实测项目

项次	检 查 项 目	规定值或允许偏差	检查方法和频率	权值
1	车行到宽度(mm)	±10	尺量:每20m(曲线)或50m(直线)检查1次	2
2	净总宽(mm)	不小于设计要求	尺量:每20m(曲线)或50m(直线)检查1次	2
3△	隧道净高(mm)	不小于设计要求	水准仪:每20m(曲线)或50m(直线)测1个断面,每断面测拱顶和两拱腰3点	3
4	隧道偏位(mm)	20	全站仪或其他测量仪器:每20m(曲线)或50m(直线)检查1处	2
5	路线中心线与隧道中心线的衔接(mm)	20	分别将引道中心线和隧道中心线延长至两侧洞口,比较其平面位置	2
6	边坡、仰坡	不大于设计要求	坡度板:检查10处	1

8.2.3　外观鉴定

洞内没有渗漏水。不符合要求时,视其严重程度,减1分~5分。

8.3 洞身开挖

8.3.1 基本要求

8.3.1.1 不良地质段开挖应做好预加固、预支护。

8.3.1.2 当前方地质出现变化迹象或接近围岩分界线时，应采用地质雷达、超前小导坑、超前探孔等方法先探明隧道的工程地质和水文地质情况，方可进行开挖。

8.3.1.3 应严格控制欠挖。当石质坚硬完整且岩石抗压强度大于30MPa并确认不影响衬砌稳定和强度时，允许岩石个别凸出部分（每平方米不大于0.1m^2）凸出衬砌断面，锚喷支护时凸入不大于30mm，衬砌时不大于50mm，拱脚、墙脚以上1m内不应欠挖。

8.3.1.4 开挖轮廓要预留支撑沉落量及变形量，并利用量测反馈信息及时调整。

8.3.1.5 隧道爆破开挖时，应严格控制爆破震动。

8.3.1.6 洞身开挖在清除浮石后，应及时进行初喷支护。

8.3.2 实测项目

洞身开挖实测项目见表43。

表43 洞身开挖实测项目

<table>
<tr><th>项次</th><th colspan="2">检 查 项 目</th><th>规定值或允许偏差</th><th>检查方法和频率</th><th>权值</th></tr>
<tr><td rowspan="3">1△</td><td rowspan="3">拱部超挖（mm）</td><td>破碎岩、土
（Ⅰ、Ⅱ类围岩）</td><td>平均值100，最大值150</td><td rowspan="3">水准仪或断面仪：每20m抽1个断面，测点间距≤1m</td><td rowspan="3">3</td></tr>
<tr><td>中硬岩、软岩
（Ⅲ、Ⅳ、Ⅴ类围岩）</td><td>平均值150，最大值250</td></tr>
<tr><td>硬岩
（Ⅵ类围岩）</td><td>平均值100，最大值200</td></tr>
<tr><td rowspan="2">2</td><td rowspan="2">边墙超挖（mm）</td><td>每侧</td><td>+100，0</td><td rowspan="2">尺量：每20m检查1处</td><td rowspan="2">2</td></tr>
<tr><td>全宽</td><td>+200，0</td></tr>
<tr><td>3</td><td colspan="2">仰拱、隧底超挖（mm）</td><td>平均值100，最大值250</td><td>水准仪：每20m检查3处</td><td>1</td></tr>
</table>

8.3.3 外观鉴定

洞顶无浮石。不符合要求时，每处减1分并及时清除。

8.4 隧道衬砌

8.4.1 基本要求

8.4.1.1 所用材料的质量和规格应符合设计和规范要求。

8.4.1.2 防水混凝土应符合设计和规范的要求。

8.4.1.3 基底承载力应满足设计要求，对基底承载力有怀疑时应做承载力试验。

8.4.1.4 拱墙背后的空隙应回填密实。因严重超挖和塌方产生的空洞要制订具体处理方案经批准后实施。

8.4.2 实测项目

混凝土衬砌实测项目见表44。

表 44 混凝土衬砌实测项目

项次	检 查 项 目	规定值或允许偏差	检查方法和频率	权值
1△	混凝土强度(MPa)	在合格标准内	按附录 D 检查	3
2△	衬砌厚度(mm)	不小于设计要求	断面仪或地质雷达:每 40m 检查 1 个断面	3
3	墙面平整度(mm)	20	2m 直尺:每 40m 每侧检查 5 处	1

8.4.3 外观鉴定

8.4.3.1 混凝土表面密实,每延米的隧道面积中,蜂窝、麻面和气泡面积不超过 0.5%。不符合要求时,每超过 0.5% 减 0.5 分~1 分。蜂窝、麻面深度超过 5mm 时不论面积大小,一处减 1 分。深度超过 10mm 时应处理。

8.4.3.2 结构轮廓线条顺直美观,混凝土颜色均匀一致。不符合要求时减 1 分~3 分。

8.4.3.3 施工缝平顺无错台。不符合要求时每处减 1 分~2 分。

8.4.3.4 混凝土因施工养护不当产生裂缝,每条裂缝减 0.5 分~2 分。

8.5 防水层

8.5.1 基本要求

8.5.1.1 防水材料的质量、规格、性能等应符合设计和规范要求。

8.5.1.2 防水卷材铺设前应对喷射混凝土基面进行认真检查,不应有钢筋、凸出的管件等尖锐突出物;割除尖锐突出物后,割除部位采用砂浆抹平顺。

8.5.1.3 隧道断面变化处或转弯处的阴角应抹成半径不小于 50mm 的圆弧。

8.5.1.4 防水层施工时,基面不应有明水;如有明水,应采取措施封堵或引排。

8.5.2 实测项目

防水层实测项目见表 45。

表 45 防水层实测项目

项次	检 查 项 目		规定值或允许偏差	检查方法和频率	权值
1	搭接宽度(mm)		≥100	尺量:全部搭接均要检查,每个搭接检查 3 处	2
2	缝宽(mm)	焊接	两侧焊缝宽≥25	尺量:每个搭接检查 5 处	2
		粘接	粘缝宽≥50		
3	固定点间距(m)		符合设计要求	尺量:检查总数的 10%	1

8.5.3 外观鉴定

8.5.3.1 防水层表面平顺,无折皱、无气泡、无破损等现象,与洞壁密贴,松紧适度,无紧绷现象。不符合要求时每处减 1 分~3 分。

8.5.3.2 接缝、补眼粘贴密实饱满,不得有气泡、空隙。不符合要求时每处减 1 分~3 分。

8.6 止水带

8.6.1 基本要求

8.6.1.1 止水带的材质、规格等应符合设计和规范要求,并经验收合格后方可安装。

8.6.1.2 止水带与衬砌端头模板应正交。

8.6.2 实测项目

止水带实测项目见表46。

表46 止水带实测项目

项次	检 查 项 目	规定值或允许偏差	检查方法和频率	权值
1	纵向偏离(mm)	±50	尺量:每环3处	1
2	偏离衬砌中心线(mm)	≤30	尺量:每环3处	1

8.6.3 外观鉴定

8.6.3.1 发现破裂应及时修补。不符合要求时减1分~3分。

8.6.3.2 衬砌脱模后,若发现因走模致使止水带过分偏离中心,应适当凿除或填补部分混凝土,对止水带进行纠偏。不符合要求时减1分~3分。

8.7 无衬砌隧道

8.7.1 基本要求

8.7.1.1 应先探明隧道的工程地质和水文地质情况后才可进行开挖。

8.7.1.2 断面不宜欠挖。当石质坚硬完整时,拱部允许个别凸出部分,每平方米不大于0.1m^2。

8.7.1.3 洞身开挖,应清除浮石。

8.7.1.4 洞内应做好排水措施,对渗漏水孔洞的缝隙应做好引排水或堵水措施。

8.7.2 实测要求

洞身开挖实测项目见表47。

表47 洞身开挖实测项目

项次	检 查 项 目	规定值或允许偏差	检查方法和频率	权值
1	隧道净高(mm)	不小于设计要求	水准仪:每20m(曲线)或50m(直线)测1个断面,每断面测拱顶和两拱腰3点	3
2	隧道净宽(mm)	不小于设计要求	尺量:每20m(曲线)或50m(直线)检查一次	2
3	路线中心线与隧道中心线的衔接(mm)	20	分别将引道中心线和隧道中心线延长至两侧洞口,比较其平面位置	2

8.7.3 外观鉴定

8.7.3.1 洞顶无浮石。不符合要求时减1分~5分。

8.7.3.2 洞内应无明显渗漏水情况。不符合要求时减1分~5分。

9 交通安全设施

9.1 一般规定

9.1.1 交通安全设施产品应经有资质的检测机构检测,取得产品合格证,并经工地检验确认满足设计要求后方可使用。

9.1.2 交通安全设施采用钢质材料时,应进行防腐处理。

9.1.3 构件用螺栓组合时,材料的质量和规格应符合设计和规范要求。

9.1.4 本章未包括的其他交通安全设施工程项目,可根据设计文件和其他相关规范另行制订检验评定标准。

9.1.5 交通安全设施设置应符合设计和规范要求。

9.2 交通标志

9.2.1 基本要求

9.2.1.1 交通标志的制作应符合 GB 5768.1 ~3《道路交通标志和标线》、GB/T 24970《轮廓标》、JT/T 279《公路交通标志板技术条件》、JTG F71《公路交通安全设施施工技术规范》的规定。

9.2.1.2 交通标志在运输、安装过程中,不应损伤标志面及金属构件的镀层。

9.2.1.3 标志的位置、数量及安装角度应符合设计要求。

9.2.1.4 大型标志的地基承载力应符合设计要求。大型标志柱、梁的焊接部分应符合钢结构焊接相关规范的质量要求,无裂缝、未熔合、夹渣等缺陷。

9.2.1.5 标志面应平整完好,无起皱、开裂、缺损或凹凸变形。

9.2.1.6 反光膜应尽可能减少拼接,任何标志的字符不允许拼接;当标志板的长度或宽度、圆形标志的直径小于反光膜产品的最大宽度时,底膜不应有拼接缝。当粘贴反光膜不可避免出现接缝时,应按反光膜产品的最大宽度进行拼接。

9.2.2 实测项目

交通标志实测项目见表48。

表48 交通标志实测项目

项次	检查项目	规定值或允许偏差	检查方法和频率	权值
1	标志板外形尺寸(mm)	±5。当边长尺寸大于1.2m时,允许偏差为边长的±0.5%;三角形内角应为60°±5°	钢卷尺、万能角尺、卡尺:检查100%	1
	标志底板厚度(mm)	不小于设计要求		
2	标志汉字、数字、拉丁字的字体及尺寸(mm)	应符合规定字体,基本字高不小于设计要求	字体与标准字体对照,字高用钢卷尺:检查10%	1
3△	标志板反光膜等级及逆反射系数($cd \cdot lx^{-1} \cdot m^{-2}$)	反光膜等级符合设计要求。逆反射系数值不低于JT/T 279《公路交通标志板技术条件》的规定	反光膜等级用目测初定;便携式测定仪:检查100%	2
4	标志板下缘至路面净空高度及标志板内缘距路边缘距离(mm)	+100,0	直尺、水平尺或经纬仪:检查100%	1
5	立柱竖直度(mm/m)	±3	垂线、直尺:检查100%	1
6△	标志板镀锌层厚度(μm)	标志柱、横梁≥78,紧固件≥50	测厚仪:检查100%	2
7	标志基础尺寸(mm)	-50,+100	钢尺、直尺:检查100%	1
8	基础混凝土强度(MPa)	在合格标准内	按附录D检查	1

9.2.3 外观鉴定

9.2.3.1 标志板安装后应平整，夜间在车灯照射下，标志板底色和字符应清晰明亮，颜色均匀，不应出现明暗不均的现象，不能影响标志的认读。标志板有明显明暗不均现象时，每一标志减2分。

9.2.3.2 标志板在粘贴底膜时，横向不宜有拼接，竖向拼接时，上膜应压接下膜，压接宽度不应小于5mm。当采用平接时，其间隙不应超过1mm。距标志板边缘50mm之内，不应有接缝。不符合要求时，每处减2分。

9.2.3.3 标志金属构件镀层应均匀、颜色一致，不允许有流挂、滴瘤或多余结块，镀件表面应无漏镀、露铁等缺陷。不符合要求时，每一构件减2分。

9.3 路面标线

9.3.1 基本要求

9.3.1.1 路面标线涂料应符合JT/T 280《路面标线涂料》的规定。

9.3.1.2 路面标线喷涂前，应仔细清洁路面，表面干燥，无起灰现象。

9.3.1.3 路面标线的颜色、形状和设置位置应符合GB 5768《道路交通标志和标线》的规定和设计要求。

9.3.2 实测项目

路面标线实测项目见表49。

表49 路面标线实测项目

<table>
<tr><th>项次</th><th colspan="2">检 查 项 目</th><th>规定值或允许偏差</th><th>检查方法和频率</th><th>权值</th></tr>
<tr><td rowspan="4">1</td><td rowspan="4">标线线段长度（mm）</td><td>6000</td><td>±50</td><td rowspan="4">钢卷尺：抽检10%</td><td rowspan="4">1</td></tr>
<tr><td>4000</td><td>±40</td></tr>
<tr><td>3000</td><td>±30</td></tr>
<tr><td>1000～2000</td><td>±20</td></tr>
<tr><td rowspan="3">2</td><td rowspan="3">标线宽度（mm）</td><td>400～450</td><td>+15，0</td><td rowspan="3">钢尺：抽检10%</td><td rowspan="3">1</td></tr>
<tr><td>150～200</td><td>+8，0</td></tr>
<tr><td>100</td><td>+5，0</td></tr>
<tr><td rowspan="3">3△</td><td rowspan="3">标线厚度（mm）</td><td>常温型（0.12～0.2）</td><td>-0.03，+0.10</td><td rowspan="3">湿膜厚度计：干膜用水平尺、塞尺或用卡尺，抽检10%</td><td rowspan="3">2</td></tr>
<tr><td>加热型（0.2～0.4）</td><td>-0.05，+0.15</td></tr>
<tr><td>热熔型（1.0～4.5）</td><td>-0.10，+0.50</td></tr>
<tr><td>4</td><td colspan="2">标线横向偏位（mm）</td><td>±30</td><td>钢卷尺：抽检10%</td><td>1</td></tr>
<tr><td rowspan="4">5</td><td rowspan="4">标线纵向间距（mm）</td><td>9000</td><td>±45</td><td rowspan="4">钢卷尺：抽检10%</td><td rowspan="4">1</td></tr>
<tr><td>6000</td><td>±30</td></tr>
<tr><td>4000</td><td>±20</td></tr>
<tr><td>3000</td><td>±15</td></tr>
<tr><td>6</td><td colspan="2">标线剥落面积</td><td>不大于检查总面积的3%</td><td>4倍放大镜：目测检查</td><td>1</td></tr>
<tr><td>7△</td><td colspan="2">反光标线逆反射系数（$cd \cdot lx^{-1} \cdot m^{-2}$）</td><td>白色标线：≥150
黄色标线：≥100</td><td>反光标线逆反射系数测量仪：抽检10%</td><td>2</td></tr>
</table>

9.3.3 外观鉴定

9.3.3.1 标线施工污染路面应及时清理。每处污染面积不超过 1000mm^2。不符合要求时,每处减 1 分。

9.3.3.2 标线线形应流畅,与道路线形相协调,曲线圆滑,不应出现折线。不符合要求时,每处减 2 分。

9.3.3.3 放光标线玻璃珠应撒布均匀,附着牢固,反光均匀。不符合要求时,每处减 2 分。

9.3.3.4 标线表面不应出现网状裂缝、断裂裂缝、气泡现象。不符合要求时,每处减 1 分。

9.4 蓄能自发光标识

9.4.1 基本要求

9.4.1.1 自发光标识的亮度、耐温性能、耐酸碱性能、耐雾腐蚀性能、耐老化性能等应符合设计及 DB 33/T 975《蓄能自发光交通标识设置技术规程》的规定。

9.4.1.2 自发光标识的型式、设置位置、设置要求、构件规格及基础连接应符合设计要求。

9.4.1.3 自发光标识的施工应遵循 JTG F71《公路交通安全设施施工技术规范》中关于交通标志、交通标线、轮廓标识的要求。轮廓标识的合成树脂材料、铝合金板、钢板等,应符合 GB/T 24970《轮廓标》的规定。

9.4.1.4 自发光标识的施工应选择合适的设置角度,保证标识的夜间视认距离。

9.4.1.5 自发光标识原材料(成品、半成品、构件)进场应在施工现场及试验室经过监理单位和建设单位检验合格后方可使用。

9.4.2 实测项目

蓄能自发光标识实测项目见表 50。

表 50 蓄能自发光标识实测项目

项次	检查项目	规定值或允许偏差	检查方法和频率	权值
1	标志板外形尺寸(mm)	±5。边长尺寸大于 1.2m 时允许偏差为边长的 ±0.5%;三角形内角应为 60° ±5°	钢卷尺、万能角尺、卡尺:检查 100%	1
	标志底板厚度(mm)	不小于设计要求		
2	标志汉字、数字、拉丁字的字体及尺寸(mm)	应符合规定字体,基本字高不小于设计要求	字体与标准字体对照,字高用钢卷尺:检查 10%	1
3△	标志面反光膜等级及逆反射系数(cd · lx^{-1} · m^{-2})	反光膜等级符合设计,逆反射系数值不低于 JT/T 279《公路交通标志板技术条件》的规定	反光膜等级用目测初定;便携式测定仪:检查 100%	2
4	标志板下缘至路面净空高度及标志板内缘距路边缘距离(mm)	+100,0	直尺、水平尺或经纬仪:检查 100%	1
5	立柱竖直度(mm/m)	±3	垂线、直尺:检查 100%	1
6△	标志金属构件镀层厚度(μm)	标志柱、横梁≥78,紧固件≥50	测厚仪:检查 100%	2
7	标志基础尺寸(mm)	-50, +100	钢尺、直尺:检查 100%	1
8	基础混凝土强度(MPa)	不小于设计要求	按附录 D 检查	1

9.4.3 外观鉴定

9.4.3.1 标识表面应平整完好,无起皱、开裂、缺损或凸凹变形。不符合要求时,每一标识减 1 分。

9.4.3.2 在夜间,自发光标识底色和字符应清晰明亮、颜色均匀,不应出现明暗不均和影响认读的现象。有明暗不均现象时,每一标识减 2 分。

9.4.3.3 所有钢构件防腐层厚度应均匀、颜色一致,不得有流挂、滴瘤或多余结块,镀件表面应无漏镀等缺陷。不符合要求时,每一构件减 2 分。

9.5 波形梁钢护栏

9.5.1 基本要求

9.5.1.1 波形梁钢护栏产品应符合 JT/T 457《公路三波形梁钢护栏》的规定。

9.5.1.2 护栏立柱、波形梁、防阻块及托架的安装应符合设计和规范的要求。

9.5.1.3 为保证护栏的整体强度,路肩的土基压实度不应小于设计值。达不到压实度要求的路段不应进行护栏立柱打入施工。石方路段和挡土墙上的护栏立柱的埋深及基础处理应符合设计要求。

9.5.1.4 波形梁护栏的端头处理及桥梁护栏过渡段的处理应满足设计要求。

9.5.2 实测项目

波形梁钢护栏实测项目见表 51。

表 51 波形梁钢护栏实测项目

项次	检 查 项 目	规定值或允许偏差	检查方法和频率	权值
1△	波形梁板基底金属厚度(mm)	±0.16	板厚千分尺:抽检 5%	2
2△	立柱壁厚(mm)	4.5±0.25	测厚仪、千分尺:抽检 5%	2
3△	镀(涂)层厚度(μm)	符合设计要求	测厚仪:抽检 10%	2
4	立柱埋入深度(mm)	符合设计要求	过程检查,直尺:抽检 10%	1
5△	立柱竖直度(mm/m)	±10	垂线、直尺:抽检 10%	2
6△	横梁中心高度(mm)	±20	直尺:抽检 10%	2
7△	护栏顺直度(mm/m)	±5	拉线、直尺:抽检 10%	2

9.5.3 外观鉴定

9.5.3.1 构件表面应均匀完整、颜色一致,应无漏镀、露铁、擦痕等缺陷。不符合要求时,每处减 2 分。

9.5.3.2 直线段护栏不得有明显的凹凸、起伏现象,曲线段护栏应圆滑顺畅,与线形协调一致。不符合要求时,每处减 2 分。

9.5.3.3 波形梁板搭接方向正确,搭接平顺,垫圈齐备,螺栓紧固。不符合要求时,每处减 2 分。

9.5.3.4 防阻块、托架、端头的安装应与设计图相符,安装到位,不得有明显变形、扭转、倾斜。不符合要求时,每处减 2 分。

9.5.3.5 波形梁板和立柱不得现场焊割和钻孔,不符合要求时,每处减 2 分。

9.5.3.6 立柱及柱帽安装牢固,其顶部应无明显塌边、变形、开裂等缺陷。不符合要求时,每处减 2 分。

9.6 混凝土护栏、浆砌块(片)石护墩

9.6.1 基本要求

9.6.1.1 混凝土所用水泥、砂、石、水、外加剂及拌和材料的质量和规格,必须符合有关技术规范要求,按规定的配合比施工。

9.6.1.2 混凝土护栏预制块件在吊装、运输、安装过程中,不应断裂。

9.6.1.3 各混凝土护栏、护墩块件之间、护栏与基础之间的连接应符合设计要求。

9.6.1.4 护栏、护墩地基强度、埋入深度应符合设计要求。

9.6.1.5 护栏、护墩块件的损边、掉角长度每处不应超过20mm,否则应予及时修补。

9.6.2 实测项目

混凝土(浆砌片石)护栏、护墩实测项目见表52。

表52 混凝土(浆砌片石)护栏、护墩实测项目

项次	检 查 项 目		规定值或允许偏差	检查方法和频率	权值
1△	混凝土、砂浆强度(MPa)		在合格标准内	按附录D、附录F检查	2
2	地基压实度(%)		符合设计要求	现场检查	1
3	护栏断面尺寸(mm)	高度	±10	直尺、钢卷尺:抽检10%	1
		顶宽	±5		
		底宽	±10		
4	基础平整度(mm)		10	水平尺:检查100%	1
5△	轴向横向偏位(mm)		±20或符合设计要求	直尺、钢卷尺:抽检10%	2
6	基础厚度(mm)		±10%H	过程检查,直尺:检查100%	1
注:H为基础的设计厚度。					

9.6.3 外观鉴定

9.6.3.1 混凝土(浆砌片石)护栏、护墩之间的错位不大于50mm。不符合要求时,每处减2分。

9.6.3.2 混凝土护栏外观、涂料色泽均匀一致,表面的蜂窝、麻面、裂缝、脱皮等缺陷面积不超过该面面积的0.5%,不符合要求时每超过0.5%减2分;深度不超过10mm,不符合要求时每处减2分。

9.6.3.3 护栏线形适顺,直线段不允许有明显的凹凸现象,曲线段护栏应圆滑顺畅,与线形协调一致。不符合要求时,每处减2分。

9.7 缆索护栏

9.7.1 基本要求

9.7.1.1 缆索性能、缆索直径、单丝直径、构造、锚具及其镀锌质量应符合设计和规范的要求,缆索抗拉强度、镀锌质量应经抽检,合格后方可使用。

9.7.1.2 张拉前应首先标定拉力测定计。

9.7.1.3 立柱埋深牢固、埋设不小于设计值,采用挖埋法施工,立柱埋入土中时,回填土应分层(每层厚度不超过10cm)夯实;立柱埋入混凝土中时,基础混凝土的几何尺寸、强度等应符合设计要求。

9.7.1.4 立柱壁厚、外径、长度不小于设计要求。

9.7.1.5 采用打入法施工时,立柱顶部不应出现明显变形、倾斜、扭曲或卷边等现象。

9.7.2 实测项目

缆索护栏实测项目见表53。

表53 缆索护栏实测项目

项次	检查项目	规定值或允许偏差	检查方法和频率	权值
1	缆索直径(mm)	18 ±0.5	卡尺:抽检10%	1
	单丝直径(mm)	2.86 +0.10, -0.02		
2△	初张力(kN)	±5%	过程检查,张拉计:抽检10%	2
3	最下一根缆索的高度(mm)	±20	直尺:抽检10%	1
4△	立柱壁厚(mm)	±0.10	千分尺:抽检10%	2
5	立柱埋入深度	符合设计要求	过程检查:抽检10%	1
6△	立柱竖直度(mm/m)	±10	垂线、直尺:抽检10%	2
7	立柱中距(mm)	±50	直尺:抽检10%	1
8△	镀锌层厚度(μm)	立柱:≥85 索端锚具:≥50 紧固件:≥50 镀锌钢丝:≥33	测厚仪:抽检10%	2
9	混凝土基础尺寸	符合设计规定	过程检查,直尺:检查100%	1
10△	混凝土强度(MPa)	在合格标准内	按附录D检查	2

9.7.3 外观鉴定

9.7.3.1 金属构件表面不应有气泡、剥落、漏镀及划痕等表面缺陷。不符合要求时,每处减2分。
9.7.3.2 直线段护栏没有明显的凹凸现象,曲线段护栏圆滑顺畅。不符合要求时,每处减2分。
9.7.3.3 索端锚具、托架、索夹螺栓应安装到位、固定牢固;托架编号和组合应与缆索护栏的类别相适应;上、下托架位置正确。不符合要求时,每处减2分。

9.8 标柱

9.8.1 基本要求

9.8.1.1 制作标柱所用的材料应符合设计和规范要求。
9.8.1.2 混凝土所用水泥、砂、石、水、外加剂及拌和材料的质量和规格,必须符合有关技术规范要求,按规定的配合比施工。
9.8.1.3 标柱的埋入深度应符合设计要求。

9.8.2 实测项目

标柱实测项目见表54。

表 54　标柱实测项目

项次	检 查 项 目	规定值或允许偏差	检查方法和频率	权值
1△	混凝土强度(MPa)	在合格标准内	按附录 D 检查	2
2	标柱断面尺寸(mm)	±10	直尺、钢卷尺:抽检 10%	1
3	基础断面尺寸(mm)	±20	过程检查,直尺:检查 100%	1

9.8.3　外观鉴定

9.8.3.1　标柱外观、色泽均匀一致,不符合要求时,每处减 2 分。

9.8.3.2　标柱线形适顺,直线段不允许有明显的凹凸现象,曲线段护栏应圆滑顺畅,与线形协调一致。不符合要求时,每处减 2 分。

附 录 A
(规范性附录)
单位、分部及分项工程的划分

单位、分部及分项工程的划分见表 A.1。

表 A.1 单位、分部及分项工程的划分

单位工程	分部工程	分项工程
路基工程(每标段)	路基土石方工程 *	土方路基 *,宕渣路基 * 等
	涵洞、通道	基础及下部构造 *,主要构件预制、安装或浇筑 * 等
	小桥 *(每座)	基础及下部构造 *,上部构造预制、安装或浇筑 *,桥面 *,栏杆等
	防护及砌筑工程	挡土墙 *,护坡
	排水工程	土沟、浆砌排水沟、混凝土排水沟
路面工程(每标段)	路面工程 *	基层 *,面层 * 等
桥梁工程(大、中桥)	基础及下部构造 *(每桥或每墩、台)	扩大基础,桩基 *,承台,桩的制作 *,钢筋加工及安装,墩台身(砌体)浇筑,墩台身安装,墩台帽浇筑 * 等
	上部构造预制和安装 *	主要构件预制 *,其他构件预制,钢筋加工及安装,预应力筋的加工和张拉 *,梁板安装,拱圈节段预制 *,拱的安装等
	上部构造现场浇筑 *	钢筋加工及安装,预应力筋的加工和张拉 *,主要构件浇筑 *,其他构件浇筑等
	总体、桥面系和附属工程	桥梁总体 *,钢筋加工及安装,桥面防水层施工,支座安装,伸缩缝安装 *,栏杆安装,混凝土护栏等
	防护工程	锥坡、护坡
隧道工程	洞身开挖 *	洞身开挖 *(分段)
	洞身衬砌 *	衬砌 *、锚喷支护 *
	总体及洞口工程	隧道总体 *、无衬砌隧道 *、洞口开挖,洞口边仰坡防护,洞门和翼墙的浇(砌)筑,截水沟、洞口排水沟等
	防排水	防水层、止水带、排水沟等
	隧道路面	基层 *,面层 * 等
交通安全设施(每标段)	标志 *	标志 *
	护栏 *、标柱	波形梁护栏 *,混凝土(浆砌片石)护栏、护墩 *,缆索护栏 *、标柱等
注:表内标注 * 号者为主要工程,评分时给以 2 的权值;不带 * 号者为一般工程,权值为 1。		

附　录　B

（规范性附录）

路基、路面压实度评定

B.1　路基和路面基层的压实度以重型击实标准为准。沥青面层压实度以 JTG F40《公路沥青路面施工技术规范》的规定为准。

B.2　标准密度应做平行试验，求其平均值作为现场检验的标准值。对于均匀性差的路基土质和路面结构层材料，应根据实际情况增补标准密度试验，求得相应的标准值，以控制和检验施工质量。

B.3　路基、路面压实度以 1km ~ 3km 长的路段为检验评定单元，按本标准各有关章节要求的检测频率进行现场压实度抽样检查，求算每一测点的压实度 K_i。细粒土现场压实度检查可以采用灌砂法或环刀法；粗粒土及路面结构层压实度检查可以采用灌砂法、水袋法或钻孔取样蜡封法。应用核子密度仪时，应经对比试验检验，确认其可靠性。

检验评定段的压实度代表值 K（算术平均值的下置信界限）按式（B.1）计算：

$$K = \overline{K} - t_{\alpha} S / \sqrt{n} \geqslant K_0 \qquad \text{(B.1)}$$

式中：$\overline{K}$——检验评定段内各测点压实度的平均值；

t_{α}——t 分布表中随测点数和保证率（或置信度 α）而变的系数（见表 B.1）；

采用的保证率：基层、底基层为 95%；路基、路面面层为 90%；

S——检测值的标准差；

n——检测点数；

K_0——压实度标准值。

路基、基层：$K \geqslant K_0$，且单点压实度 K_i 全部大于或等于规定值减 2 个百分点时，评定路段的压实度合格率为 100%；当 $K \geqslant K_0$ 且单点压实度全部大于或等于规定极值时，按测定值不低于规定值减 2 个百分点的测点数计算合格率。

当 $K < K_0$ 或某一单点压实度 K_i 小于规定极值时，该评定路段压实度为不合格，相应分项工程评为不合格。

路堤施工段较短时，分层压实度应点点符合要求，且样本数不少于 6 个。

沥青面层：当 $K \geqslant K_0$ 且全部测点大于或等于规定值减 1 个百分点时，评定路段的压实度合格率为 100%；当 $K \geqslant K_0$ 时，按测定值不低于规定值减 1 个百分点的测点数计算合格率。

当 $K < K_0$ 时，评定路段的压实度为不合格，相应分项工程评为不合格。

表B.1 $t_{\alpha}/\sqrt{n}$值

n	保证率			n	保证率		
	99%	95%	90%		99%	95%	90%
2	22.501	4.465	2.176	21	0.552	0.376	0.289
3	4.021	1.686	1.089	22	0.537	0.367	0.282
4	2.270	1.177	0.819	23	0.523	0.358	0.275
5	1.676	0.953	0.686	24	0.510	0.350	0.269
6	1.374	0.823	0.603	25	0.498	0.342	0.264
7	1.188	0.734	0.544	26	0.487	0.335	0.258
8	1.060	0.670	0.500	27	0.477	0.328	0.253
9	0.966	0.620	0.466	28	0.467	0.322	0.248
10	0.892	0.580	0.437	29	0.458	0.316	0.244
11	0.833	0.546	0.414	30	0.449	0.310	0.239
12	0.785	0.518	0.393	40	0.383	0.266	0.206
13	0.744	0.494	0.376	50	0.340	0.237	0.184
14	0.708	0.473	0.361	60	0.308	0.216	0.167
15	0.678	0.455	0.347	70	0.285	0.199	0.155
16	0.651	0.438	0.335	80	0.266	0.186	0.145
17	0.626	0.423	0.324	90	0.249	0.175	0.136
18	0.605	0.410	0.314	100	0.236	0.166	0.129
19	0.586	0.398	0.305	>100	$\frac{2.3265}{\sqrt{n}}$	$\frac{1.6449}{\sqrt{n}}$	$\frac{1.2815}{\sqrt{n}}$
20	0.568	0.387	0.297				

附 录 C
（规范性附录）
水泥混凝土弯拉强度评定

C.1 混凝土弯拉强度试验方法

混凝土弯拉强度试验方法应使用标准小梁法或钻芯劈裂法，试件使用标准方法制作，标准养生时间28d。按本规范表11所列检查频率，每工作班制作1组～3组：日进度大于或等于1000m取3组，大于或等于500m取2组，小于500m取1组。每组3个试件的平均值作为一个统计数据。

C.2 混凝土弯拉强度的合格标准

C.2.1 试件组数大于10组时，平均弯拉强度合格判断按式（C.1）计算：

$$f_{cs} \geqslant f_r + K\sigma \qquad (C.1)$$

式中：f_{cs}——混凝土合格判定平均弯拉强度（MPa）；

f_r——设计弯拉强度标准值（MPa）；

K——合格判定系数（见表C.1）；

σ——强度标准差。

表C.1 合格判定系数

试件组数 n	11～14	15～19	≥20
合格判定系数 K	0.75	0.70	0.65

当试件组数为11组～19组时，允许有一组最小弯拉强度小于$0.85f_r$，但不得小于$0.80f_r$。当试件组数大于或等于20组时，允许有一组最小弯拉强度小于$0.85f_r$，但不得小于$0.75f_r$。

C.2.2 试件组数等于或少于10组时，试件平均强度不得小于$1.10f_r$，任一组强度均不得小于$0.85f_r$。

C.2.3 当标准小梁合格判定平均弯拉强度f_{cs}和最小弯拉强度f_{min}中有一个不符合上述要求时，应在不合格路段每公里钻取3个以上ϕ150mm的芯样，实测劈裂强度，通过各自工程的经验统计公式换算弯拉强度，其合格判定平均弯拉强度f_{cs}和最小值f_{min}应合格；否则，应返工重铺。

C.3 不合格分项工程判定

实测项目中，水泥混凝土弯拉强度评为不合格时，相应分项工程评为不合格。

附　录　D
（规范性附录）
水泥混凝土抗压强度评定

D.1　混凝土试块制作要求

评定水泥混凝土的抗压强度，应以标准养生28d龄期的试件、在标准试验条件下测得的极限抗压强度为准。试件为边长150mm的立方体。试件3个为1组，制取组数应符合下列规定：

a）不同强度等级及不同配合比的混凝土应在浇筑地点或拌和地点分别随机制取试件。

b）浇筑结构物（如基础、墩台等）时，每一单元结构物应制取2组。

c）上部结构，主要构件长16m以下应制取1组，16m～30m制取2组，31m～50m制取3组，50m以上者不少于5组。小型构件每批或每工作班至少应制取2组。

d）每根钻孔桩至少应制取2组；桩长20m以上者不少于3组。如换工作班时，每工作班应制取2组。

e）构筑物（小桥涵、挡土墙）每座、每处或每工作班制取不少于2组。当原材料和配合比相同，并由同一拌和站拌制时，可几座或几处合并制取2组。

f）应根据施工需要，另制取几组与结构物同条件养生的试件，作为拆模、吊装、张拉预应力、承受荷载等施工阶段的强度依据。

D.2　水泥混凝土抗压强度的合格标准

D.2.1　试件≥10组时，应采用数理统计方法按下述条件评定：

$$m_{f_{cu}} \geqslant f_{cu,k} + \lambda_1 \cdot S_{f_{cu}} \qquad \text{(D.1)}$$

$$S_{f_{cu}} = \sqrt{\frac{\sum_{i=1}^{n} f_{cu,i}^2 - n m_{f_{cu}}^2}{n-1}} \qquad \text{(D.2)}$$

$$f_{cu,min} \geqslant \lambda_2 \cdot f_{cu,k} \qquad \text{(D.3)}$$

式中：$m_{f_{cu}}$——同一检验批 n 组混凝土立方体抗压强度的平均值（MPa）；

$f_{cu,k}$——混凝土立方体抗压强度标准值（MPa）；

λ_1、λ_2——合格判定系数（见表D.1）；

$S_{f_{cu}}$——同一检验批混凝土立方体抗压强度的标准差（MPa），精确到0.01；当计算值小于2.5MPa时，应取2.5MPa；

$f_{cu,i}$——第 i 组混凝土样本试件的立方体抗压强度代表值（MPa），精确到0.1；

n——本检验期内的样本数量；

$f_{cu,min}$——同一检验批 n 组混凝土立方体抗压强度的最小值（MPa）。

表D.1　λ_1、λ_2 的值

n	10～14	15～19	≥20
λ_1	1.15	1.05	0.95
λ_2	0.90	0.85	

D.2.2　试件<10组时，可采用非统计方法按下述条件进行评定：

$$m_{f_{cu}} \geqslant \lambda_3 \cdot f_{cu,k} \qquad \text{(D.4)}$$

$$f_{cu,min} \geq \lambda_4 \cdot f_{cu,k} \qquad \cdots\cdots (D.5)$$

式中：λ_3、λ_4——混凝土强度的合格判定系数(见表 D.2)。

表 D.2　λ_3、λ_4 的值

混凝土强度等级	< C60	≥C60
λ_3	1.15	1.10
λ_4	0.95	

D.2.3　当混凝土强度按试件强度进行评定达不到合格条件时，可采用无损检测法或钻取试样确定结构混凝土的实际强度和浇筑质量。如仍有不合格，水泥混凝土抗压强度评为不合格。

D.3　不合格分项工程判定

实测项目中，水泥混凝土抗压强度评为不合格时，相应分项工程为不合格。

附 录 E
(规范性附录)
喷射混凝土抗压强度评定

E.1 混凝土试块制作规定

E.1.1 喷射混凝土抗压强度系指在喷射混凝土板件上,切割制取边长为100mm的立方体试件,在标准养护条件下养生至28d,用标准试验方法测得的极限抗压强度,乘以0.95的系数。

E.1.2 隧道每10延米,至少在拱脚部和边墙各取1组(3个)试件。

E.1.3 其他工程,每喷射$50m^3$~$100m^3$混合料或小于$50m^3$混合料的独立工程,不得少于1组。材料或配合比变更时,需重新制取试件。

E.2 喷射混凝土强度的合格标准

E.2.1 同批试件组数$n \geqslant 10$时:

试件抗压强度平均值不低于设计值;

任一组试件抗压强度不低于0.85设计值。

E.2.2 同批试件组数$n < 10$时:

试件抗压强度平均值不低于1.05设计值;

任一组试件抗压强度不低于0.9设计值。

E.3 不合格分项工程判定

实测项目中,喷射混凝土抗压强度评为不合格时,相应分项工程为不合格。

附　录　F
（规范性附录）
水泥砂浆强度评定

F.1　砂浆试块制作规定

评定水泥砂浆的强度，应以标准养生 28d 的试件为准。试件为边长 70.7mm 的立方体。试件 6 个为 1 组，制取组数应符合下列规定：

a）　不同强度等级及不同配合比的水泥砂浆应分别制取试件，试件应随机制取，不得挑选。

b）　重要及主体砌筑物，每工作班制取 2 组。

c）　一般及次要砌筑物，每工作班可制取 1 组。

d）　拱圈砂浆应同时制取与砌体同条件养生试件，以检查各施工阶段强度。

F.2　水泥砂浆强度的合格标准

同强度等级试件的平均强度不低于设计强度等级。

任意一组试件的强度最低值不低于设计强度等级的 75%。

F.3　不合格分项工程判定

实测项目中，水泥砂浆强度评为不合格时，相应分项工程为不合格。

附 录 G
(规范性附录)
半刚性基层材料强度评定

G.1 无侧限抗压强度试块制作规定

G.1.1 半刚性基层材料强度,以规定温度下保湿养生 6d、浸水 1d 后的 7d 无侧限抗压强度为准。

G.1.2 在现场按规定频率取样,按工地规定达到的压实度制备试件。每 2000m^2 或每工作班制备 1 组试件:不论稳定细粒土、中粒土或粗粒土,当多次偏差系数 $C_v \leqslant 10\%$ 时,可为 6 个试件;$C_v = 10\% \sim 15\%$ 时,可为 9 个试件;$C_v > 15\%$ 时,则需 13 个试件。

G.2 水泥砂浆强度的合格标准

试件的平均强度 $\overline{R}$ 应满足式(G.1)的要求:

$$\overline{R} \geqslant R_d/(1 - Z_\alpha C_V) \quad \cdots\cdots (G.1)$$

式中:$\overline{R}$——试件的平均强度;

R_d——设计抗压强度(MPa);

Z_α——标准正态分布表中随保证率而变的系数;

保证率 90%,$Z_\alpha = 1.282$;

C_V——试验结果的偏差系数(以小数计)。

G.3 不合格分项工程判定

评定路段内半刚性材料强度评为不合格时,相应分项工程为不合格。

附　录　H
（规范性附录）
路面结构层厚度评定

H.1　路面厚度评定参数

评定路段内路面结构层厚度按平均值和单个合格值的允许偏差进行评定。

H.2　路面厚度评定方法

按规定频率，采用挖验或钻取芯样测定厚度。

H.3　技术方法

厚度平均值按式（H.1）计算：

$$X_{L}=\frac{\sum X}{n} \quad\quad \text{(H.1)}$$

式中：X_L——厚度平均值；
X——厚度单点测定值；
n——检测点数。

H.4　不合格分项工程判定

当厚度平均值大于或等于设计厚度减去平均值允许偏差时，则按单个检查值的偏差不超过单点合格值来计算合格率；当厚度平均值小于设计厚度减去平均值允许偏差时，相应分项工程评为不合格。

平均值和单点合格值的允许偏差见本规范第6章各节实测项目表。

附 录 I

(规范性附录)

路基、柔性基层、沥青路面弯沉值评定

I.1 弯沉值用贝克曼梁或自动弯沉仪测量。每评定路段(不超过1km)检查40个~50个点。

I.2 弯沉代表值为弯沉测量值的上波动界限,按式(I.1)计算:

$$l_r = \bar{l} + Z_\alpha S \quad \text{(I.1)}$$

式中:l_r——弯沉代表值(0.01mm);

$\bar{l}$——实测弯沉的平均值(0.01mm);

Z_α——与要求保证率有关的系数,见表I.1;

S——标准差。

表I.1 Z_α值

层 位	Z_α
沥青面层	1.5
路基、柔性基层	1.5

I.3 当路基和柔性基层的弯沉代表值不符合要求时,可将超出$\bar{l} \pm (2\sim3)S$的弯沉特异值舍弃,重新计算平均值和标准差。对舍弃的弯沉值大于$\bar{l} + (2\sim3)S$的点,应找出其周围界限,进行局部处理。

采用两台弯沉仪同时进行左右轮弯沉值测定时,应按两个独立测点计,不能采用左右两点的平均值。

I.4 弯沉代表值大于设计要求的弯沉值时,相应分项工程为不合格。

I.5 测定时的路表温度对沥青面层的弯沉值有明显影响,应进行温度修正。当沥青层厚度小于或等于50mm时,或路表温度在20℃±2℃范围内,可不进行温度修正。

若在非不利季节测定时,应考虑季节影响系数。

附 录 J
（规范性附录）
工程质量检验评定用表

J.1 分项工程质量检验评定用表见表 J.1。

表 J.1 分项工程质量检验评定用表

分项工程名称： 所属分部工程 所属建设项目：
工程部位： 施工单位： 监理单位：
（桩号、墩台号、孔号）

<table>
<tr><td colspan="2">基本要求</td><td colspan="24"></td></tr>
<tr><td rowspan="10">实测项目</td><td rowspan="3">项次</td><td rowspan="3">检查项目</td><td rowspan="3">规定值或允许偏差</td><td colspan="15">实测值或实测偏差值</td><td colspan="7">质量评定</td></tr>
<tr><td colspan="10">施工单位</td><td colspan="5">监理单位</td><td rowspan="2">权值</td><td colspan="3">施工单位</td><td colspan="3">监理单位</td></tr>
<tr><td>1</td><td>2</td><td>3</td><td>4</td><td>5</td><td>6</td><td>7</td><td>8</td><td>9</td><td>10</td><td>1</td><td>2</td><td>3</td><td>4</td><td>5</td><td>平均值、代表值</td><td>合格率（%）</td><td>得分</td><td>平均值、代表值</td><td>合格率（%）</td><td>得分</td></tr>
<tr><td></td><td></td><td></td><td></td><td></td><td></td><td></td><td></td><td></td><td></td><td></td><td></td><td></td><td></td><td></td><td></td><td></td><td></td><td></td><td></td><td></td><td></td><td></td><td></td><td></td></tr>
<tr><td></td><td></td><td></td><td></td><td></td><td></td><td></td><td></td><td></td><td></td><td></td><td></td><td></td><td></td><td></td><td></td><td></td><td></td><td></td><td></td><td></td><td></td><td></td><td></td><td></td></tr>
<tr><td></td><td></td><td></td><td></td><td></td><td></td><td></td><td></td><td></td><td></td><td></td><td></td><td></td><td></td><td></td><td></td><td></td><td></td><td></td><td></td><td></td><td></td><td></td><td></td><td></td></tr>
<tr><td></td><td></td><td></td><td></td><td></td><td></td><td></td><td></td><td></td><td></td><td></td><td></td><td></td><td></td><td></td><td></td><td></td><td></td><td></td><td></td><td></td><td></td><td></td><td></td><td></td></tr>
<tr><td></td><td></td><td></td><td></td><td></td><td></td><td></td><td></td><td></td><td></td><td></td><td></td><td></td><td></td><td></td><td></td><td></td><td></td><td></td><td></td><td></td><td></td><td></td><td></td><td></td></tr>
<tr><td></td><td></td><td></td><td></td><td></td><td></td><td></td><td></td><td></td><td></td><td></td><td></td><td></td><td></td><td></td><td></td><td></td><td></td><td></td><td></td><td></td><td></td><td></td><td></td><td></td></tr>
<tr><td></td><td></td><td></td><td></td><td></td><td></td><td></td><td></td><td></td><td></td><td></td><td></td><td></td><td></td><td></td><td></td><td></td><td></td><td></td><td></td><td></td><td></td><td></td><td></td><td></td></tr>
<tr><td colspan="3">外观鉴定</td><td colspan="6"></td><td colspan="2">减分</td><td colspan="8"></td><td colspan="2" rowspan="3">监理评定意见</td><td colspan="5" rowspan="3"></td></tr>
<tr><td colspan="3">质量保证资料</td><td colspan="6"></td><td colspan="2">减分</td><td colspan="8"></td></tr>
<tr><td colspan="3">工程质量等级评定</td><td colspan="8">评分：</td><td colspan="8">质量等级：</td></tr>
</table>

施工负责人： 监理： 业主： 年 月 日

J.2 分部工程质量检验评定表见表J.2。

J.2 分部工程质量检验评定表

分部工程名称： 所属单位工程：

所属建设项目： 工程部位：(桩号、墩台号、孔号)

施工单位： 监理单位：

	分 项 工 程					备 注
	工程名称	质量评定				
		实得分	权植	加权得分	等级	
施工单位						
质量等级				加权平均分		
评定意见						
监理单位						
	合计					
质量等级				加权平均分		
评定意见						

施工负责人： 监理： 业主： 年 月 日

J.3　单位工程质量检验评定表见表J.3。

表J.3　单位工程质量检验评定表

单位工程名称：　　　　　　　　　　　　所属建设工程：

路线名称：　　　　　　　　　　　　　　工程地点、桩号：

施工单位：　　　　　　　　　　　　　　监理单位：

	分 部 工 程					备 注
	工程名称	质量评定				
		实得分	投资额	加权得分	等级	
施工单位						
	合计					
质量等级				加权平均分		
评定意见						
监理单位						
	合计					
质量等级				加权平均分		
评定意见						

施工负责人：　　　　监理：　　　　业主：　　　　年　月　日

J.4　建设项目(合同段)质量检验评定表见表 J.4。

表 J.4　建设项目(标段)质量检验评定表

项目名称:　　　　　　　　　　　　　　　　路线名称:

起讫桩号:　　　　　　　　　　　　　　　　完工日期:

	单位工程			备注
	工程名称	实得分	投资额	
施工单位				
质量等级		加权平均分		
评定意见				
监理单位				
质量等级		加权平均分		
评定意见				

施工负责人:　　　　　　监理:　　　　　　业主:　　　　　　年　月　日

J.5 ______________工程汇总表见表 J.5。

表 J.5 ______________工程汇总表

工　程	实得分	投资额	加权得分	等级	备　注
加权平均分			质量等级		

施工负责人：　　　　监理：　　　　业主：　　　　年　月　日

附 录 K
（规范性附录）
工程质量保证资料目录

工程质量保证资料目录见表 K.1。

表 K.1 工程质量保证资料目录

路基工程质量保证资料	
一、施工记录	
1	清表掘除和堆放现场记录
2	土质路基填筑工程施工原始记录
3	结构物回填施工记录
4	施工日志
二、试验记录（试验报告均由试验单位出具）	
1	标准击实试验
2	毛体积密度试验
3	分层压实度或固体体积率试验
4	路基顶面弯沉
三、质量检验报告	
1	土方路基现场质量检验报告单
2	路基填筑前地基清理现场质量检验报告单
3	土石方路基分层填筑工程现场质量检验报告单
沥青路面工程质量保证资料	
一、施工资料	
1	沥青混合料拌和原始记录
2	热拌沥青混凝土路面摊铺施工记录
3	热拌沥青混凝土路面碾压施工记录
4	透层、黏层、封层施工原始记录
5	施工日志
二、试验资料（试验报告均由试验单位出具）	
1	集料压碎值试验
2	集料针、片状颗粒含量试验
3	集料含泥量试验
4	混合料级配组成试验
5	沥青技术性能试验汇总表
6	沥青混合料抽提试验

表 K.1 工程质量保证资料目录(续)

7	沥青混合料马歇尔试验
8	沥青混凝土矿料组成试验
9	沥青压实度试验
10	沥青厚度试验
11	沥青路面顶面弯沉试验
三、质量检验报告	
1	沥青混凝土面层和沥青碎石面层现场质量检验报告单
2	沥青灌入式(或上拌下灌式面层)工程现场质量检验报告单
3	沥青表面处治面层工程现场质量检验报告单
水泥混凝土路面工程质量保证资料	
一、施工资料	
1	施工放样现场记录表
2	路面水泥混凝土配料通知单
3	路面水泥混凝土施工原始记录
4	水泥混凝土路面基本要求检查记录
5	施工日志
二、试验资料(试验报告均由试验单位出具)	
1	集料压碎值试验
2	集料针、片状颗粒含量试验
3	集料含泥量试验
4	混合料级配组成试验
5	水泥质保单及试验报告
6	水泥混凝土抗弯拉强度试验报告
7	水泥混凝土厚度试验报告
三、质量检验报告单	
1	水泥混凝土面层现场质量检验报告单
注:泥结碎石路面、级配碎石路面、填隙碎石路面质保资料可参照基层执行。	
基层质量保证资料	
一、施工资料	
1	混合料配料通知单
2	混合料拌和原始记录
3	混合料摊铺及碾压原始记录
4	混合料施工原始记录
5	施工日志

表 K.1　工程质量保证资料目录(续)

二、试验资料(试验报告均由试验单位出具)	
1	集料压碎值试验
2	集料针、片状颗粒含量试验
3	集料含泥量试验
4	混合料级配组成试验
5	水泥、粉煤灰、石灰质保单
6	标准击实试验
7	压实度、厚度、试验报告
8	水泥或石灰剂量的测定(EDTA)滴定法
9	基层钻样完整性试验
三、质量检验报告单	
1	基层现场质量检验报告单
2	基层现场质量检验报告单
桥梁工程质量保证资料	
一、施工资料	
1	施工放样现场记录表
2	钻孔原始记录
3	钻孔桩终孔后灌注前检查记录
4	水下混凝土灌注记录
5	桩基钢筋笼施工记录
6	水泥混凝土(砂浆)配料通知单
7	凿桩检查记录
8	结构物钢筋施工原始记录
9	水泥混凝土施工原始记录
10	后张法预应力张拉施工记录
11	孔道压浆施工记录
12	结构物孔道施工原始记录
13	施工日志
二、试验报告(试验报告均由试验单位出具)	
1	钢材、水泥质保单及试验报告
2	集料压碎值试验
3	集料针、片状颗粒含量试验
4	集料含泥量试验
5	混合料级配组成试验

表 K.1 工程质量保证资料目录(续)

6	钢绞线、支座、锚具、电焊条等质保单及试验报告
7	各部混凝土抗压强度试验报告
8	砂浆强度试验报告
9	千斤顶计量标定试验报告
10	桩基动测报告
三、质量检验报告单	
1	钻孔灌注桩现场质量检验报告单
2	钢筋加工及安装工程现场质量检验报告单
3	混凝土浇筑工程现场质量检验报告单(墩台帽或盖梁)
4	混凝土浇筑现场质量检验报告单(预制梁板)
5	墩台帽或盖梁现场质量检验报告单
6	预应力筋的加工和张拉(后张法)现场质量检验报告单
7	梁板安装现场质量检验报告单
8	桥梁总体及铺装现场质量检验报告单
9	栏杆、护栏工程现场质量检验报告单
交通安全设施工程质量保证资料	
一、施工资料	
1	施工放样现场记录表
2	现场核验记录
3	自检现场检测记录表
4	基底承载力(轻型触探)检测记录
5	指示标志施工记录
6	警示标志施工记录
7	标志支持施工记录
8	波形梁安装筋施工记录
9	立柱埋入(打入)施工记录
10	结构物钢筋施工原始记录
11	水泥混凝土施工原始记录
12	施工日志
二、试验报告(试验报告均由试验单位出具)	
1	钢材、水泥质保单及试验报告
2	集料压碎值试验
3	集料针、片状颗粒含量试验
4	集料含泥量试验

表 K.1 工程质量保证资料目录(续)

5	地基压实度试验报告
6	各部混凝土抗压强度试验报告
三、质量检验报告单	
1	交通标志工程现场质量检验报告单(1)
2	交通标志工程现场质量检验报告单(2)
3	路面标线工程现场质量检验报告单
4	波形梁钢护栏工程现场质量检验报告单
5	混凝土护栏工程现场质量检验报告单
6	缆索护栏工程现场质量检验报告单
隧道工程质量保证资料	
一、施工资料	
1	施工放样现场记录表
2	现场核验记录
3	自检现场检测记录表
4	隧道工程现场监控量测记录
5	结构物钢筋施工原始记录
6	结构物模板安装工程现场检测记录
7	结构物水泥混凝土施工原始记录
8	施工日志
二、试验报告(试验报告均由试验单位出具)	
1	钢材、水泥质保单及试验报告
2	集料压碎值试验
3	集料针、片状颗粒含量试验
4	集料含泥量试验
5	混合料级配组成试验
6	各部混凝土抗压强度试验报告
7	砂浆强度试验报告
三、质量检验报告单	
1	隧道总体工程现场质量检验报告单
2	明洞浇筑工程现场质量检验报告单
3	明洞防水层工程现场质量检验报告单
4	明洞开挖工程现场质量检验报告单
5	明洞回填工程现场质量检验报告单
6	防水层工程现场质量检验报告单
7	止水带工程现场质量检验报告单

附　录 L
（规范性附录）
条文说明

1　范围

本标准规定了准四级公路工程的质量评定，路基、路面、桥梁、隧道和交通安全设施的质量检验评定要求。

本标准适用于准四级公路新建工程、改建工程和养护工程的质量评定。

2　规范性引用文件

增加引用文件说明。

增加《公路沥青路面施工技术规范》（JTG F40—2004）。

3　术语与定义

除“准四级公路”“宕渣”等特别的术语外，其他的如“评定”“检验”及项目划分等术语参照《公路工程质量检验评定标准》中相关定义，在本标准中不重复说明。

4　工程质量评定

工程质量评定参照《公路工程质量检验评定标准》（JTG F80/1—2004）相关规定。

对于《公路工程质量检验评定标准》（JTG F80/1—2004）涉及结构安全和使用功能的重要实测项目，本标准与其统一。

外观评分参照《公路工程质量检验评定标准》（JTG F80/1—2004）相关规定，提高外观鉴定打分的可操作性。

取消商品混凝土及监理平行抽检等管理行为要求。

本标准定位为准四级公路服务，适当降低关于工程美观等方面的评定要求。

分项工程质量评分增加“工厂加工制造的桥梁金属构件”的要求。

5　各分项工程

基本要求原则同《公路工程质量检验评定标准》（JTG F80/1—2004），少量分项工程根据准四级公路的特点适当降低要求。

实测项目中，关键项目的检查项目、规定值或允许偏差、检查方法和频率同《公路工程质量检验评定标准》（JTG F80/1—2004）对应项一致，非关键项目的检查项目、规定值或允许偏差、检查方法和频率基本同《公路工程质量检验评定标准》（JTG F80/1—2004）对应项一致，少量分项工程根据准四级公路的特点适当降低要求。

外观鉴定原则同《公路工程质量检验评定标准》(JTG F80/1—2004),少量分项工程根据准四级公路的特点适当降低要求。